요한복음 원고지형 따라쓰기

1. 시작일 : _____ 년 _____ 월 _____ 일

2. 목표일 : _____ 년 _____ 월 _____ 일

3. 종료일 : _____ 년 _____ 월 _____ 일

요한복음 따라쓰기

초판1쇄 발행 2015. 01. 05.
초판2쇄 발행 2017. 02. 15.

펴 낸 이 박진하
교   정 목윤희
문제출제 황갑수(달라스신학대학원 STM 수료 성경해석학)
디 자 인 신형기
펴 낸 곳 홈앤에듀
신고번호 제 379-251002011000011호
주   소 경기도 성남시 수정구 복정동 639-3 정주빌딩 B1
Tel. 050-5504-5404
홈페이지 홈앤에듀 http://www.homenedu.com
패 밀 리 홈스쿨지원센터 http://homeschoolcenter.co.kr
아임홈스쿨러 http://www.imh.kr
E-mail homenedu@naver.com
판권소유 홈앤에듀 (성경적 가치관으로 자녀를 양육하고자 하는 홈스쿨사역단체 홈스쿨지원센터의 출판브랜드)

ISBN 978-89-967112-4-7 03230
값 14,000원

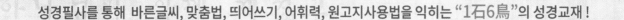

성경필사를 통해 바른글씨, 맞춤법, 띄어쓰기, 어휘력, 원고지사용법을 익히는 "1石6鳥"의 성경교재 !

요한복음 따라쓰기

원고지형

1절 태초에 말씀이 계시니라 이 말씀이 하
2절 그가 태초에 하나님과 함께 계셨고
3절 만물이 그로 말미암아 지은 바 되었으
4절 그 안에 생명이 있었으니 이 생명은
5절 빛이 어둠에 비치되 어둠이 깨닫지

홈앤에듀

속뜻
단어풀이
───
성경읽기표
제공

"영적복음서인 요한복음"을 눈으로 읽고 따라쓰며 마음에 새겨보는 시간을 매일 가져보세요.

요한복음 따라쓰기를 꾸준히 하면 어떤 유익이 있을까요?

1. 매일 매일 하나님의 말씀을 읽고, 쓰고, 묵상하는 시간을 가짐으로 말씀의 의미를 더 깊이 알 수 있습니다.
2. 바른 글씨를 쓰는 데 도움이 됩니다.
3. 맞춤법 연습에 도움이 됩니다.
4. 속뜻단어풀이를 통해 어휘력을 증진시킬 수 있습니다.(속뜻, 한자, 영어)
5. 원고지형이기에 띄어쓰기에 대해 확실하게 인지할 수 있습니다.
6. 원고지 쓰는 방법을 자연스럽게 익힐 수 있습니다.

요한복음 따라쓰기를 이렇게 이용하세요.

1. 기도로 먼저 시작하세요.
  – 하나님의 말씀을 눈으로 읽고, 입으로 말하며 필사할 때 깊이 깨달아 알 수 있도록 성령의 도우심을 구하세요.
2. 매일 매일 쓰세요.
  – 몸에 좋은 보약도 매일 먹어야 효과를 보듯 영의 양식인 말씀 또한 매일 읽고 쓸 때 더욱 유익합니다.
3. 하단의 속뜻단어풀이를 살펴보세요. 아는 단어라 할지라도 속뜻을 알면 더욱 그 뜻이 명쾌해집니다.
4. 하루 분량을 마친 후에는 천천히 묵상하는 마음으로 읽어보세요.
  – 쓰는 것 보다 쓰고 난 이후 천천이 여러번 말씀을 되뇌이며 묵상함이 더 중요합니다.
    말씀 가운데 주시는 은혜와 깨달음을 사모하세요.
5. 각 장마다 제공되는 [요한복음의 이해를 돕는 문제]에 답을 달면서 눈으로 읽고 써보았던 내용을 다시 한번 살펴보세요.
6. 기도로 마무리하세요.
  – 읽고 쓰고 묵상하면서 깨달은 내용으로 죄를 고백하며 하나님의 은혜에 감사하는 기도를 하세요.

속뜻단어풀이 이렇게 제작되었습니다.

– 본 요한복음따라쓰기에는 쪽마다 보통 2,3단어씩 중복단어를 포함하여
  총 587회의 속뜻단어풀이가 제공됩니다.
– 속뜻단어풀이는 LBH교육출판사의 허가 하에 베스트셀러인 [초중교과
  속뜻학습 국어사전]과 [우리말 한자어 속뜻사전]의 단어풀이를 인용
  하였으며 없는 단어는 성경사전 및 그 외 사전을 참조하였고
  몇몇 단어는 성경사전의 뜻을 추가하기도 하였습니다.
  (재인용을 금지합니다.)

한자 훈음 = 힌트(속뜻) ➔ 저절로 기억

▶ Learning by Hint : 힌트 활용 학습
※ Learning by Heart ('기억하다')
➔가슴으로 공부하기

속뜻단어풀이란?

우리말의 70%이상을 차지하는 한자어는 각 한자에서 힌트를 찾아내어
어휘의 속뜻을 이해하면 쉽습니다. 본 도서에서 인용한 〈초중교과 속뜻
학습 국어사전〉에서는 어휘의 속뜻풀이를 통해 아이들의 이해력과 사고
력을 높이도록 하고 있습니다. 또한 단어마다 해당 영어어휘가 병기되어
일석삼조의 효과를 줍니다.

요한복음의 명칭
- 헬라어 : '카타 요안넨' (kata joannen)
- 번역 : 요한에 의한

요한복음의 저자와 저작연대
요한복음은 전통적으로 '예수의 사랑하시는 제자'(13:23, 19:26, 20:2, 21:7,20)로 불려진 사도 요한이 쓴 것이라고 인정되고 있다. 이레니우스(A.D.185년경)는 사도 요한의 제자이었던 폴리갑의 제자였는데, 그는 자신의 저서인 〈이단 논박〉에서 이 복음서가 요한의 저작이라는 것을 증거했다. 그리고 알렉산드리아의 클레멘트, 안디옥의 테오필루스, 오리게네스 등과 같은 사람들도 이 복음서가 요한의 저작임을 증거하고 있다. 요한복음의 저작년대는 공관 복음의 저술이 완성된 A.D.70년 이후 A.D.100년 이전으로 추정된다.

요한복음은 어떤 책인가?
요한복음은 구약(Old Testament)을 주신 하나님을 믿지 않는 그래서 역사적 정통성이 없는 신흥 종교의 하나로 몰아붙이는 유대주의자들과 헬라 사상의 영향으로 예수 그리스도의 신성(神性)과 성육신(成肉身)을 부인하는 이방인들에게 기독교 진리의 절대성과 유일성을 입증하고 이들로부터 초대교회 성도들을 보호하기 위해 기록한 변증서이다. 표적과 강론을 통해 예수가 유대의 메시아, 구약을 성취하신 구원자이심을 보여주고 있고, 하나님과 동일하신 하나님의 아들로 제시되고 있다. 또한 그분을 믿어 영생에 이르고 빛 가운데 거하도록 기록하고 있으며 중심주제는 '믿음'이다.

요한복음의 기록목적
당시의 에베소는 동서의 문화가 교류하고 유대인들과 이방인이 섞여 사는 세계적인 도시였다. 이러한 지역적인 특성과 시대적인 조류에 의해 에베소 지역은 복잡한 상황에 처해 있었다. 많은 사람들이 그리스도의 인성을 부정하는 것과 그리스도의 신성을 부인하는 가르침을 따르고 있었다. 이러한 혼란한 신앙적인 상황 앞에서 예수님의 신성과 인성, 그리고 구주되심을 명백히 증거하고, 그럼으로써 영생의 길을 보여 주려는 데에 목적을 두고 기록하였다.

요한복음의 내용
1) 하나님 아들의 성육신, 2) 하나님 아들의 증거와 유대인들의 배척, 3) 하나님 아들의 가르침, 4) 하나님 아들의 수난과 영광으로 전개되며 핵심주제는 오직 '우리 주 예수 그리스도를 믿으라'는 것이다. 요한복음은 매우 순수하고 간결한 헬라어로 기록되어 있지만 그 속에 담긴 신학적인 통찰력은 대단히 무게가 있고 심오하다. 요한복음은 영원하신 주님, 곧 로고스(말씀)로서의 예수님을 주제로 삼고 있는데 그분은 이 세상이 창조되기 전에 하나님과 함께 계셨으며, 세상이 창조될 때에 하나님과 함께 일하셨다(1:3)는 것을 말하고 있다. 즉 사람의 몸으로 오신 하나님의 아들 예수님을 소개하면서 예수님의 태초부터 계신 것과 신성을 증명하고 있다.

제 1 장

1 절 태초에 말씀이 계시니라. 이

말씀이 하나님과 함께 계셨으니 이 말

씀은 곧 하나님이시니라.

2 절 그가 태초에 하나님과 함께 계

셨고

3 절 만물이 그로 말미암아 지은 바

되었으니 지은 것이 하나도 그가 없이

는 된 것이 없느니라.

4 절 그 안에 생명이 있었으니 이

- **태초 太初** | 클 태, 처음 초 [beginning of the world] : 천지가 크게[太] 열린 그 시초(始初). 천지가 창조된 때. 태시(太始).
- **만: 물 萬物** | 일만 만, 만물 물 [all things; all creation] ❶ 속뜻 온갖[萬] 물건(物件). ❷ 우주에 존재하는 모든 것. 인간은 만물의 영장(靈長)이다. (비) 만유(萬有).

생명은 사람들의 빛이라.

5절 빛이 어둠에 비치되 어둠이 깨
닫지 못하더라.

6절 하나님께로부터 보내심을 받은
사람이 있으니 그의 이름은 요한이라.

7절 그가 증언하러 왔으니 곧 빛에
대하여 증언하고 모든 사람이 자기로
말미암아 믿게 하려 함이라.

8절 그는 이 빛이 아니요 이 빛에
대하여 증언하러 온 자라.

속뜻단어 풀이

- **생명 生命** | 살 생, 목숨 명 [life] ❶ **속뜻** 살아가는[生] 데 꼭 필요한 목숨[命]. 생명의 은인 / 생명이 위태롭다. ❷ 사물이 존재할 수 있는 가장 중요한 요건을 비유하여 이르는 말. 가수는 목소리가 생명이다.
- **증언 證言** | 증거 증, 말씀 언 [testify; attest] ❶ **법률** 증인(證人)으로서 사실을 말함[言]. 또는 그런 말. 목격자의 증언을 듣다 / 범인은 붉은 셔츠를 입었다고 증언했다.

9절 참빛 곧 세상에 와서 각 사람에게 비추는 빛이 있었나니

10절 그가 세상에 계셨으며 세상은 그로 말미암아 지은 바 되었으되 세상이 그를 알지 못하였고

11절 자기 땅에 오매 자기 백성이 영접하지 아니하였으나

12절 영접하는 자 곧 그 이름을 믿는 자들에게는 하나님의 자녀가 되는 권세를 주셨으니

속뜻단어
풀이

• 영접 迎接 | 맞이할 영, 사귈 접 [receive; greet] : 손님을 맞아서[迎] 대접(待接)하는 일.
• 권세 權勢 | 권력 권, 세력 세 [power; influence] : 권력(權力)과 세력(勢力)을 아울러 이르는 말. 권세를 부리다.

13절 이는 혈통으로나 육정으로나 사
람의 뜻으로 나지 아니하고 오직 하나
님께로부터 난 자들이니라.
14절 말씀이 육신이 되어 우리 가운
데 거하시매 우리가 그의 영광을 보니
아버지의 독생자의 영광이요 은혜와 진
리가 충만하더라.
15절 요한이 그에 대하여 증언하여
외쳐 이르되 내가 전에 말하기를 내
뒤에 오시는 이가 나보다 앞선 것은

4
요한
복음
1장

• **혈통 血統** | 피 혈, 계통 통 [blood; lineage] : 같은 핏줄[血]을 타고난 겨레붙이의 계통(繼統). 조상과의 혈연관계. 그는 영국 귀족의 혈통이다.
• **육정 肉情** | 고기 육, 뜻 정 [will of the flesh] : 이성의 육체(肉體)를 바라는 욕정(欲情). 육욕(肉慾). (성경사전) 이 말은 하나님의 자녀가 되는 것은 자연적인 출생에 의해서 되는 것이 아니라 하나님의 은혜로 되어지는 초자연적인 것임을 뜻한다.

나보다 먼저 계심이라 한 것이 이 사람을 가리킴이라 하니라.

16절 우리가 다 그의 충만한 데서 받으니 은혜 위에 은혜러라.

17절 율법은 모세로 말미암아 주어진 것이요 은혜와 진리는 예수 그리스도로 말미암아 온 것이라.

18절 본래 하나님을 본 사람이 없으되 아버지 품 속에 있는 독생하신 하나님이 나타내셨느니라.

속뜻단어 풀이
- **충만 充滿** | 채울 충, 넘칠 만 [full] : 넘치도록[滿] 가득 채움[充]. 마음에 기쁨이 충만하다 / 그 안내서는 유익한 기사로 충만하다.
- **그리스도** | [Christ] 기독교 '구세주'(救世主)라는 뜻. 예수.

19절 유대인들이 예루살렘에서 제사장
들과 레위인들을 요한에게 보내어 네가
누구냐 물을 때에 요한의 증언이 이러
하니라.
20절 요한이 드러내어 말하고 숨기지
아니하니 드러내어 하는 말이 나는 그
리스도가 아니라 한대
21절 또 묻되 그리면 누구냐 네가
엘리야냐? 이르되 나는 아니라 또 묻
되 네가 그 선지자냐? 대답하되 아니

속뜻단어풀이
- **제:사-장 祭司長** | 제사 제, 맡을 사, 어른 장 [chief priest] ❶ 기독교 기독교 · 유대교에서, 예루살렘 성전에서 의식이나 전례[祭]를 맡아보는[司] 우두머리[長]. ❷ 제례나 주문(呪文)에 밝아 영검을 얻게 하는 사람.
- **선지-자 先知者** | 먼저 선, 알 지, 사람 자 [prophet; prophetess] 속뜻 세상일을 남보다 먼저[先] 깨달아 아는[知] 사람[者]. 선각자(先覺者). 지난날 '예언자(預言者)'를 이르던 말.

라.

22절 또 말하되 누구냐? 우리를 보낸 이들에게 대답하게 하라. 너는 네게 대하여 무엇이라 하느냐?

23절 이르되 나는 선지자 이사야의 말과 같이 주의 길을 곧게 하라고 광야에서 외치는 자의 소리로라 하니라.

24절 그들은 바리새인들이 보낸 자라.

25절 또 물어 이르되 네가 만일 그리스도도 아니요 엘리야도 아니요 그

- **광:야 曠野** | =廣野, 넓을 광, 들 야 [wilderness; vast plain] : 광활(曠闊)한 벌판[野]. 텅 비고 아득히 넓은 들.
- **바리새인** | [Pharisees] ❶ 기독교 바리새교의 교인. ❷ 기독교 3대 유대 분파의 하나. 모세의 율법과 부활, 천사, 영의 존재를 믿었다. ❸ 위선자를 비유적으로 이르는 말.

선지자도　아닐진대　어찌하여　세례를　베

푸느냐?

　26절　요한이　대답하되　나는　물로　세

례를　베풀거니와　너희　가운데　너희가

알지　못하는　한　사람이　섰으니

　27절　곧　내　뒤에　오시는　그이라.

나는　그의　신발끈을　풀기도　감당하지

못하겠노라.　하더라.

　28절　이　일은　요한이　세례　베풀던

곳　요단　강　건너편　베다니에서　일어난

속뜻단어풀이
- **세: 례 洗禮** | 씻을 세, 예도 례 [baptism; christening] ❶ **기독교** 신자가 될 때 베푸는 의식으로 머리 위를 물로 적시거나[洗] 몸을 잠그는 예식(禮式). 세례를 받다. ❷ '한꺼번에 몰아치는 비난이나 공격'을 비유하여 이르는 말. 그는 학생들의 질문 세례를 받았다.
- **감당 堪當** | 견딜 감, 당할 당 [charge] : 능히 맡아서[堪] 당해 냄[當]. 내 힘으로는 감당할 수 없는 일이다.

일이니라.

29절 이튿날 요한이 예수께서 자기에

게 나아오심을 보고 이르되 보라! 세

상 죄를 지고 가는 하나님의 어린 양

이로다.

30절 내가 전에 말하기를 내 뒤에

오는 사람이 있는데 나보다 앞선 것은

그가 나보다 먼저 계심이라 한 것이

이 사람을 가리킴이라.

31절 나도 그를 알지 못하였으나 내

• 이튿-날 | [next day] : 어떤 일이 있은 그 다음날. 이튿날 아침, 하늘이 맑게 개었다.
• 죄: 罪 | 허물 죄 [crime; sin; offence] : 양심이나 도리에 벗어난 행위. 다시는 죄를 짓지 않겠다고 다짐했다 / 억울하게 남의 죄를 뒤집어썼다.

가 와서 물로 세례를 베푸는 것은 그

를 이스라엘에 나타내려 함이라 하니라.

32절 요한이 또 증언하여 이르되 내

가 보매 성령이 비둘기 같이 하늘로부

터 내려와서 그의 위에 머물렀더라.

33절 나도 그를 알지 못하였으나 나

를 보내어 물로 세례를 베풀라 하신

그이가 나에게 말씀하시되 성령이 내려

서 누구 위에든지 머무는 것을 보거든

그가 곧 성령으로 세례를 베푸는 이인

• **이스라엘** | [Israel] ❶ 야곱이 얍복 강가에서 천사와 씨름하여 이긴 후에 새로 불려진 야곱의 이름(창32:28)이며, '하나님과 겨루어 이긴 자'라는 뜻으로 야곱의 후손들로 이루어진 민족을 일컫는 이름이 되었다. 신약에서는 믿음을 가진 하나님의 백성을 이르는 상징적인 의미로도 쓰인다. ❷ 현재, 아시아 서부 지중해 연안에 있는 공화국.

• **성:령 聖靈** | 성스러울 성, 신령 령 [Holy Spirit] ❶ 속뜻 성(聖)스러운 신령(神靈). ❷ 기독교 성삼위 중의 하나인 하나님의 영을 이르는 말.

줄 알라 하셨기에

　34절 내가 보고 그가 하나님의 아들

이심을 증언하였노라. 하니라.

　35절 또 이튿날 요한이 자기 제자

중 두 사람과 함께 섰다가

　36절 예수께서 거니심을 보고 말하되

보라! 하나님의 어린 양이로다.

　37절 두 제자가 그의 말을 듣고 예

수를 따르거늘

　38절 예수께서 돌이켜 그 따르는 것

 **속뜻단어
풀　이**

• **증언 證言** | 증거 증, 말씀 언 [testify; attest]　**법률** 증인(證人)으로서 사실을 말함[言]. 또는 그런 말. 목격자의 증언을 듣다 / 범인은 붉은 셔츠를 입었다고 증언했다.

• **제:자 弟子** | 아우 제, 아이 자 [disciple; follower] ❶ **속뜻** 아우[弟]나 자식[子] 같은 사람. ❷ 스승의 가르침을 받거나 받은 사람. 스승의 날이면 제자들이 찾아온다. (반)스승.

을 보시고 물어 이르시되 무엇을 구하

느냐 이르되 랍비여,   어디 계시오니이

까 하니   (랍비는 번역하면 선생이라)

39절 예수께서 이르시되 와서 보라 !

그러므로 그들이 가서 계신 데를 보고

그 날 함께 거하니 때가 열 시쯤 되

었더라.

40절 요한의 말을 듣고 예수를 따르

는 두 사람 중의 하나는 시몬 베드로

의 형제 안드레라.

속뜻단어
풀 이

• **랍비** | [Rabbi] : 이스라엘에서 율법사 혹은 학식 많은 교사를 높여 부르는 말.
• **번역 飜譯** | 옮길 번, 옮길 역 [translate] : 어떤 언어로 된 글의 내용을 다른 나라말로 옮김 [飜=譯].

41절 그가 먼저 자기의 형제 시몬을
찾아 말하되 우리가 메시야를 만났다
하고 (메시야는 번역하면 그리스도라)
42절 데리고 예수께로 오니 예수께서
보시고 이르시되 네가 요한의 아들 시
몬이니 장차 게바라 하리라 하시니라.
(게바는 번역하면 베드로라.)
43절 이튿날 예수께서 갈릴리로 나가
려 하시다가 빌립을 만나 이르시되 나
를 따르라 하시니

속뜻단어
풀이
- **형제 兄弟** | 맏 형, 아우 제 [brother] : 형[兄]과 아우[弟]. 사이좋은 형제.
- **메시야** | [Messiah] ❶ **기독교** 구약 성서에서, 초인간적 예지(叡智)와 능력을 가지고 이스라엘을 통치하는 왕. ❷ 신약 성서에서, 이 세상에 태어난 예수 그리스도. ❸ **음악** 헨델이 1741년에 작곡한 오라토리오. 예수의 탄생, 수난, 부활의 생애를 3부 53장으로 구성하였다.

44절 빌립은 안드레와 베드로와 한 동네 벳새다 사람이라.

45절 빌립이 나다나엘을 찾아 이르되 모세가 율법에 기록하였고 여러 선지자가 기록한 그이를 우리가 만났으니 요셉의 아들 나사렛 예수니라.

46절 나다나엘이 이르되 나사렛에서 무슨 선한 것이 날 수 있느냐? 빌립이 이르되 와서 보라 하니라.

47절 예수께서 나다나엘이 자기에게

속뜻단어
풀 이

• **율법 律法** | 법칙 률, 법 법 [law; rule] ❶ 속뜻 규범[律]과 법[法]. ❷ 기독교 하나님이 인간에게 지키도록 내린 규범을 이르는 말.
• **기록 記錄** | 적을 기, 베낄 록 [record] ❶ 속뜻 적어두고[記] 베껴둠[錄]. ❷ 주로 후일에 남길 목적으로 어떤 사실을 적음. 또는 그런 글. ❸ 운동 경기 따위에서 세운 성적이나 결과를 수치로 나타낸 것. 그는 세계 최고 기록을 경신했다.

오는 것을 보시고 그를 가리켜 이르시
되 보라! 이는 참으로 이스라엘 사람
이라 그 속에 간사한 것이 없도다.
48절 나다나엘이 이르되 어떻게 나를
아시나이까? 예수께서 대답하여 이르시
되 빌립이 너를 부르기 전에 네가 무
화과나무 아래에 있을 때에 보았노라.
49절 나다나엘이 대답하되 랍비여,
당신은 하나님의 아들이시요 당신은 이
스라엘의 임금이로소이다.

속뜻단어
풀 이
• **간사 奸邪** | 간교할 간, 그를 사 [wicked] : 성질이 간교(奸巧)하고 행실이 그르다[邪]. 간사한 사람은 크게 성공하기 어렵다.
• **임:금(王, 임금 왕; 君, 임금 군; 帝, 임금 제)** | [king] : 군주 국가의 원수. 세종대왕은 조선의 4대 임금이다. (비)국왕(國王), 군주(君主), 왕.

50절 예수께서 대답하여 이르시되 내
가 너를 무화과나무 아래에서 보았다
하므로 믿느냐? 이보다 더 큰 일을
보리라.

51절 또 이르시되 진실로 진실로 너
희에게 이르노니 하늘이 열리고 하나님
의 사자들이 인자 위에 오르락 내리락
하는 것을 보리라 하시니라.

**속뜻단어
풀이**

- **사: 자 使者** | 부릴 사, 사람 자 [envoy; emissary] ❶ 속뜻 명령이나 부탁을 받고 심부름하는[使] 사람[者]. 행인(行人). ❷ 법률 타인의 완성된 의사 표시를 전하는 사람. 또는 타인이 결정한 의사를 상대편에게 알려 그 의사 표시를 완성하는 사람.
- **인자 人子** | 사람 인, 아들 자 [son of man] ❶ 속뜻 사람[人]의 아들[子]. 인자로서 도리를 다하다. ❷ 기독교 예수 자신을 이르는 말. 구세주의 초월성과 동시에 그 인간성을 강조한 이름이다.

1. '말씀'으로 소개되고 있는 예수님은 누구신가요? (1-18절)

1절 : 말씀 = (   )

4절 : (   ) = (   )

14절 : (   )와 (   )가 충만하신 분

18절 : (   ) * "독생하신 하나님"이란 죄인된 인류를 구원하시기 위해

사람의 몸을 입고 세상에 오신 하나님이라는 뜻입니다.

2. 성경에 등장하는 여러 사람들은 예수님이 어떤 분이라고 고백하였을까요? (19-51절)

* 세례자 요한 (29, 36절) :

* 안드레 (41절) :

* 빌립 (45절) :

* 나다나엘 (49절) :

요한복음 이해문제

제2장

1절 사흘째 되던 날 갈릴리 가나에 혼례가 있어 예수의 어머니도 거기 계시고

2절 예수와 그 제자들도 혼례에 청함을 받았더니

3절 포도주가 떨어진지라. 예수의 어머니가 예수에게 이르되 저들에게 포도주가 없다 하니

4절 예수께서 이르시되 여자여 나와

• **사흘** | [three days] : 세 날. 삼 일. 그는 여행에서 사흘 만에 돌아왔다.
• **혼례 婚禮** | 혼인할 혼, 예도 례 [marriage ceremony] ❶ **속뜻** 혼인(婚姻)의 의례(儀禮). ❷ '혼례식'(婚禮式)의 준말. 혼례를 치르다.

무슨   상관이   있나이까?   내   때가   아직

이르지   아니하였나이다.

　　5절   그의   어머니가   하인들에게   이르

되   너희에게   무슨   말씀을   하시든지   그

대로   하라   하니라.

　　6절   거기에   유대인의   정결   예식을

따라   두세   통   드는   돌항아리   여섯이

놓였는지라.

　　7절   예수께서   그들에게   이르시되   항

아리에   물을   채우라   하신즉   아귀까지

속뜻단어
풀 이
• 정결 淨潔 | 말끔할 정, 깨끗할 결 [cleanliness; purity] : 매우 말끔하고[淨] 깨끗함[潔]. 정결한 마음 / 그의 방은 늘 정결하다.
• 예식 禮式 | 예도 례, 의식 식 [ceremony] : 예법(禮法)에 따라 치르는 의식(儀式). 예식을 치르다.

채우니

8절 이제는 떠서 연회장에게 갖다

주라 하시매 갖다 주었더니

9절 연회장은 물로 된 포도주를 맛

보고도 어디서 났는지 알지 못하되 물

떠온 하인들은 알더라. 연회장이 신랑

을 불러

10절 말하되 사람마다 먼저 좋은 포

도주를 내고 취한 후에 낮은 것을 내

거늘 그대는 지금까지 좋은 포도주를

속뜻단어
풀이

• **연회장 宴會長** | 잔치 연, 모일 회, 길 장 [the master of a banquet] : 연회를 차린 주인. ▶ 연회 宴會 | 잔치 연, 모일 회 [banquet] 잔치[宴]에 여러 사람이 모임[會]. 또는 여러 사람이 모인 잔치. 신년 연회를 열다.
• **신랑 新郎** | 새 신, 사나이 랑 [bridegroom] : 갓[新] 결혼하였거나 결혼할 남자[郎]. (반) 신부(新婦).

두었도다 하니라.

　11절 예수께서 이 첫 표적을 갈릴리
가나에서 행하여 그의 영광을 나타내시
매 제자들이 그를 믿으니라.

　12절 그 후에 예수께서 그 어머니와
형제들과 제자들과 함께 가버나움으로
내려가셨으나 거기에 여러 날 계시지는
아니하시니라.

　13절 유대인의 유월절이 가까운지라
예수께서 예루살렘으로 올라가셨더니

- **표적 表迹** | 겉 표, 자취 적 [miraculous signs; miracles] ❶ 겉[表]으로 나타난 자취[迹]. ❷ 기독교 기적을 의미.
- **유월절 逾越節** | 넘을 유, 넘을 월, 마디 절 [Passover] : 유대교의 3대 절(節)의 하나. 봄의 축제(祝祭)로 이스라엘 민족(民族)이 애굽(埃及)에서 탈출(脫出)함을 기념(紀念·記念)하는 명절(名節), 유월이란 여호와가 애굽 사람의 맏아들을 모두 죽일 때 이스라엘 사람들의 집에는 어린 양(羊)의 피를 문기둥에 발라서 표를 하여 놓은 까닭에 그대로 지나가 그 재난(災難)을 면한 데서 온 말.

14절 성전 안에서 소와 양과 비둘기
파는 사람들과 돈 바꾸는 사람들이 앉
아 있는 것을 보시고
15절 노끈으로 채찍을 만드사 양이나
소를 다 성전에서 내쫓으시고 돈 바꾸
는 사람들의 돈을 쏟으시며 상을 엎으
시고
16절 비둘기 파는 사람들에게 이르시
되 이것을 여기서 가져가라 내 아버지
의 집으로 장사하는 집을 만들지 말라

속뜻단어
풀이
• 성:전 聖殿 | 거룩할 성, 대궐 전 [sacred hall] ❶ 속뜻 신성(神聖)한 전당(殿堂). ❷ 가톨릭 가톨릭의 성당. ❸ 기독교 개신교의 예배당.
• 장사(商, 장사 상; 賈, 장사 고) | [trade] : 이익을 얻으려고 물건을 사고파는 일. 이모는 옷 장사를 시작했다.

하시니

17절 제자들이 성경 말씀에 주의 전

을 사모하는 열심이 나를 삼키리라 한

것을 기억하더라.

18절 이에 유대인들이 대답하여 예수

께 말하기를 네가 이런 일을 행하니

무슨 표적을 우리에게 보이겠느냐?

19절 예수께서 대답하여 이르시되 너

희가 이 성전을 헐라, 내가 사흘 동

안에 일으키리라.

속뜻단어 풀이

• **사모 思慕** | 생각 사, 그리워할 모 [admire] ❶ 속뜻 애틋하게 생각하며 [思] 그리워함 [慕]. 사모의 마음 / 나는 그를 애타게 사모한다. ❷ 우러러 받들며 진정한 마음으로 따름. 스승을 사모하다.

• **열심 熱心** | 뜨거울 열, 마음 심 [eagerness] ❶ 속뜻 뜨거운 [熱] 마음 [心]. ❷ 온갖 정성을 다하여 골똘하게 힘씀. 속뜻학습을 매일매일 열심히 했더니 공부가 재미있어졌다.

20절　유대인들이　이르되　이　성전은
사십육　년　동안에　지었거늘　네가　삼
일　동안에　일으키겠느냐　하더라.
21절　그러나　예수는　성전된　자기　육
체를　가리켜　말씀하신　것이라.
22절　죽은　자　가운데서　살아나신　후
에야　제자들이　이　말씀하신　것을　기억
하고　성경과　예수께서　하신　말씀을　믿
었더라.
23절　유월절에　예수께서　예루살렘에

속뜻단어 풀이
- **육체 肉體** | 몸 육, 몸 체 [flesh; body] : 구체적인 물질인 사람의 몸[肉=體]. 건전한 육체에 건전한 정신이 깃든다. (비)육신(肉身). (반)영혼(靈魂), 정신(精神).
- **기억 記憶** | 기록할 기, 생각할 억 [remember] : 지난 일을 적어두어[記] 잊지 않고 생각해냄[憶]. 내 기억이 틀림없다. (반)망각(忘却).

계시니　많은　사람이　그의　행하시는　표

적을　보고　그의　이름을　믿었으나

　24절　예수는　그의　몸을　그들에게　의

탁하지　아니하셨으니　이는　친히　모든

사람을　아심이요.

　25절　또　사람에　대하여　누구의　증언

도　받으실　필요가　없었으니　이는　그가

친히　사람의　속에　있는　것을　아셨음이

니라.

- **의탁 依託** | =依托, 기댈 의, 부탁할 탁 [rely on; depend on] : 남에게 기대거나[依] 부탁(付託)함.
- **필요 必要** | 반드시 필, 구할 요 [necessary; essential] : 반드시[必] 요구(要求)되는 바가 있음. 그는 경제적 필요에 의해 직장에 다니기 시작했다 / 도움이 필요하면 전화 주세요. (반)불필요(不必要).

1. 제자들이 예수님을 믿게 된 계기가 되었던 첫 번째 '표적'(기적)은 무엇인가요?

답 :

2. "독생하신 하나님"이신 예수님께서 가진 특별한 능력은 무엇인가요?

답 :

요한복음 이해문제

제 3 장

1 절 그런데 바리새인 중에 니고데모
라 하는 사람이 있으니 유대인의 지도
자라.

2 절 그가 밤에 예수께 와서 이르되
랍비여, 우리가 당신은 하나님께로부터
오신 선생인 줄 아나이다. 하나님이
함께 하시지 아니하시면 당신이 행하시
는 이 표적을. 아무도 할 수 없음이니
이다.

- **지도-자 指導者** | 가리킬 지, 이끌 도, 사람 자 [leader; guide] : 남을 가르쳐 이끄는[指導] 사람[者]. 그는 실력 있고 모범적이어서 지도자로 알맞다.
- **선생 先生** | 먼저 선, 날 생 [teacher; Mister] ❶ 속뜻 먼저[先] 태어남[生]. ❷ 학생을 가르치는 사람. ❸ 성명이나 직명 따위의 아래에 쓰여 그를 높여 일컫는 말. 최 선생. ❹ 어떤 일에 경험이 많거나 아는 것이 많은 사람. 의사 선생. (비)교사(教師).

3절 예수께서 대답하여 이르시되 진실로 진실로 네게 이르노니 사람이 거듭나지 아니하면 하나님의 나라를 볼 수 없느니라.

4절 니고데모가 이르되 사람이 늙으면 어떻게 날 수 있사옵나이까? 두 번째 모태에 들어갔다가 날 수 있사옵나이까?

5절 예수께서 대답하시되 진실로 진실로 네게 이르노니 사람이 물과 성령

속뜻단어 풀이

• **거듭-나다** | [new-birth] : 지금까지의 방식이나 태도를 버리고 다시 새롭게 시작하다. 그녀를 만나고 새 사람으로 거듭났다.

• **모:태 母胎** | 어머니 모, 아이 밸 태 [mother's womb; matrix] ❶ **속뜻** 어미[母]의 태(胎) 안. ❷ 사물이 발생하거나 발전하는 데 바탕이 된 토대. 로마는 서양 문명의 모태가 되었다.

으로 나지 아니하면 하나님의 나라에
들어갈 수 없느니라.
6절 육으로 난 것은 육이요 영으로
난 것은 영이니
7절 내가 네게 거듭나야 하겠다 하
는 말을 놀랍게 여기지 말라.
8절 바람이 임의로 불매 네가 그
소리는 들어도 어디서 와서 어디로 가
는지 알지 못하나니 성령으로 난 사람
도 다 그러하니라.

속뜻단어
풀   이

• 영 靈 | 신령 령 [soul] : '영혼' (靈魂) 의 준말. 죽은 사람의 영을 모시다.
• 임:의 任意 | 맡길 임, 뜻 의 [option] : 각자 자기 뜻 [意] 에 맡김 [任]. 자기 뜻대로 함. 1부터 10까지 숫자 중에 임의로 세 개를 고르세요. / 구성원
  은 임의로 뽑는다.

9절 니고데모가　대답하여　이르되　어찌 그러한　일이　있을　수　있나이까?

10절　예수께서　그에게　대답하여　이르시되　너는　이스라엘의　선생으로서　이러한　것들을　알지　못하느냐?

11절　진실로　진실로　네게　이르노니 우리는　아는　것을　말하고　본　것을　증언하노라.　그러나　너희가　우리의　증언을　받지　아니하는도다.

12절　내가　땅의　일을　말하여도　너희

속뜻단어풀이

- **대:답 對答** | 대할 대, 답할 답 [answer; reply] ❶ **속뜻** 묻는 말에 대(對)하여 답(答)함. 선생님의 질문에 대답했다. ❷ 어떤 문제를 푸는 실마리. 또는 그 해답. 잘 생각해보면 대답을 찾을 수 있다. (비)응답(應答), 답변(答辯), 해답(解答). (반)질문(質問).
- **진실 眞實** | 참 진, 실제 실 [truthful; honest; frank] : 참된[眞] 사실(事實). 진실 혹은 거짓 / 사람들을 진실하게 대하다 / 나는 진실로 너를 사랑한다. (비)참. (반)거짓, 허위(虛僞).

가 믿지 아니하거든 하물며 하늘의 일

을 말하면 어떻게 믿겠느냐?

13절 하늘에서 내려온 자 곧 인자

외에는 하늘에 올라간 자가 없느니라.

14절 모세가 광야에서 뱀을 든 것

같이 인자도 들려야 하리니

15절 이는 그를 믿는 자마다 영생을

얻게 하려 하심이니라.

16절 하나님이 세상을 이처럼 사랑하

사 독생자를 주셨으니 이는 그를 믿는

속뜻단어 풀이

• **하물며** | [much more] : '더군다나'의 뜻을 가진 접속 부사. 앞의 사실과 비교하여 뒤의 사실에 더 강한 긍정을 나타낸다. 짐승도 제 새끼 귀한 줄 아는데 하물며 사람이야.

• **광:야 曠野** | =廣野, 넓을 광, 들 야 [wilderness; vast plain] : 광활(曠闊)한 벌판[野]. 텅 비고 아득히 넓은 들.

자마다　멸망하지　않고　영생을　얻게　하

려　하심이라．

17절　하나님이　그　아들을　세상에　보

내신　것은　세상을　심판하려　하심이　아

니요　그로　말미암아　세상이　구원을　받

게　하려　하심이라．

18절　그를　믿는　자는　심판을　받지

아니하는　것이요　믿지　아니하는　자는

하나님의　독생자의　이름을　믿지　아니하

므로　벌써　심판을　받은　것이니라．

속뜻단어
풀　　이
- 멸망 滅亡 | 없앨 멸, 망할 망 [fall; collapse] : 망(亡)하여 없어짐[滅]. 파괴된 환경은 인류를 멸망시킬 것이다.
- 영ː생 永生 | 길 영, 날 생 [eternal life] : 영원(永遠)한 생명(生命). 또는 영원히 삶. 진시황제는 영생을 위해 불로초를 찾아다녔다.

19절 그 정죄는 이것이니 곧 빛이 세상에 왔으되 사람들이 자기 행위가 악하므로 빛보다 어둠을 더 사랑한 것이니라.

20절 악을 행하는 자마다 빛을 미워하여 빛으로 오지 아니하나니 이는 그 행위가 드러날까 함이요.

21절 진리를 따르는 자는 빛으로 오나니 이는 그 행위가 하나님 안에서 행한 것임을 나타내려 함이라 하시니라.

속뜻단어
풀이

• 정죄 定罪 | 정할 정, 허물 죄[condemn] : 죄가 있는 것으로 판정함.
• 행위 行爲 | 행할 행, 할 위 [act] : 행동(行動)을 함[爲]. 특히, 자유의사에 따라서 하는 행동을 이른다. 행위예술 / 불법행위. (비)행동(行動).

22절 그 후에 예수께서 제자들과 유대 땅으로 가서 거기 함께 유하시며 세례를 베푸시더라.

23절 요한도 살렘 가까운 애논에서 세례를 베푸니 거기 물이 많음이라. 그러므로 사람들이 와서 세례를 받더라.

24절 요한이 아직 옥에 갇히지 아니하였더라.

25절 이에 요한의 제자 중에서 한 유대인과 더불어 정결예식에 대하여 변

속뜻단어풀이

• **옥 獄** | 감옥 옥 [prison] : 죄인을 가두어 두는 곳. 변 사또는 춘향을 옥에 가두었다. (비)감옥(監獄).

• **변:론 辯論** | 말 잘할 변, 말할 론 [discuss; argue; debate] ❶ 속뜻 변호(辯護)하는 말을 함[論]. ❷ 사리를 밝혀 옳고 그름을 따짐. ❸ 법률 소송 당사자나 변호인이 법정에서 주장하거나 진술함. 또는 그런 진술. 피고를 위해 변론하다.

론이　되었더니

　26절　그들이　요한에게　가서　이르되

랍비여.　선생님과　함께　요단　강　저편

에　있던　이　곧　선생님이　증언하시던

이가　세례를　베풀매　사람이　다　그에게

로　가더이다.

　27절　요한이　대답하여　이르되　만일

하늘에서　주신　바　아니면　사람이　아무

것도　받을　수　없느니라.

　28절　내가　말한　바　나는　그리스도가

속뜻단어
풀이

- 증언 證言 | 증거 증, 말씀 언 [testify; attest] ❶ 법률 증인(證人)으로서 사실을 말함[言]. 또는 그런 말. 목격자의 증언을 듣다 / 범인은 붉은 셔츠를 입었다고 증언했다.
- 세:례 洗禮 | 씻을 세, 예도 례 [baptism; christening] ❶ 기독교 신자가 될 때 베푸는 의식으로 머리 위를 물로 적시거나[洗] 몸을 잠그는 예식(禮式). 세례를 받다. ❷ '한꺼번에 몰아치는 비난이나 공격'을 비유하여 이르는 말. 그는 학생들의 질문 세례를 받았다.

아니요 그의 앞에 보내심을 받은 자라

고 한 것을 증언할 자는 너희니라.

29절 신부를 취하는 자는 신랑이나

서서 신랑의 음성을 듣는 친구가 크게

기뻐하나니 나는 이러한 기쁨으로 충만

하였노라.

30절 그는 흥하여야 하겠고 나는 쇠

하여야 하리라 하니라.

31절 위로부터 오시는 이는 만물 위

에 계시고 땅에서 난 이는 땅에 속하

속뜻단어 풀이

• 흥:-하다 (興—, 일어날 흥) | [thrive; flourish] : 번성하여 일어나다[興]. 잘 되어 가다. ¶장사가 흥하다. (반)망(亡)하다, 쇠(衰)하다.

• 쇠-하다 (衰—, 쇠할 쇠) | [become weak; fail] : 힘이나 세력 따위가 점점 줄어서 약해지다[衰]. 그의 몸은 하루가 다르게 쇠하여 가고 있다.

여 땅에 속한 것을 말하느니라.   하늘
로부터 오시는 이는 만물 위에 계시나
니
　　32절 그가 친히 보고 들은 것을 증
언하되 그의 증언을 받는 자가 없도다.
　　33절 그의 증언을 받는 자는 하나님
이 참되시다는 것을 인쳤느니라.
　　34절 하나님이 보내신 이는 하나님의
말씀을 하나니 이는 하나님이 성령을
한량 없이 주심이니라.

속뜻단어
풀 이

• **인치다 印치다** | 도장 인(印)-치다 [seal; certify] : 도장을 찍어 보증하다, 증명하다.
• **한:량 限量** | 한할 한, 분량 량 [limits; bounds] : 한정(限定)된 분량(分量). 그들의 욕심은 한량이 없었다.

	35절	아	버	지	께	서		아	들	을		사	랑	하	사		만
물	을		다		그	의		손	에		주	셨	으	니			
	36절		아	들	을		믿	는		자	에	게	는		영	생	이
있	고		아	들	에	게		순	종	하	지		아	니	하	는		자	는
영	생	을		보	지		못	하	고		도	리	어		하	나	님	의
진	노	가		그		위	에		머	물	러		있	느	니	라	.

속뜻단어
풀이

- **순:종 順從** | 따를 순, 따를 종 [obey; submit] : 순순(順順)히 따름[從]. 나는 부모님 말씀에 순종했다.
- **진:노 震怒** | 벼락 진, 성낼 노 [be enraged; be fill with wrath] : 존엄한 존재가 벼락[震]같이 크게 성냄[怒]. 신의 진노를 부르다 / 할아버지가 몹시 진노하셨다.

1. 우리가 "물과 성령으로 거듭나지 아니하면 하나님의 나라에 들어갈 수 없다"고 예수님은 말씀하십니다. 요한복음 3장 16절과 36절에 의하면, 이 말씀은 "예수님을 (   )(   )으로 영생을 얻게 된다"는 뜻입니다.

2. 하나님이 보내주신 예수님께서 하신 모든 말씀은 누구의 말입니까? (34절)

    답 :

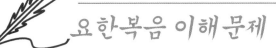
요한복음 이해문제

제4장

1절 예수께서 제자를 삼고 세례를 베푸시는 것이 요한보다 많다 하는 말을 바리새인들이 들은 줄을 주께서 아신지라.

2절 (예수께서 친히 세례를 베푸신 것이 아니요 제자들이 베푼 것이라.)

3절 유대를 떠나사 다시 갈릴리로 가실새

4절 사마리아를 통과하여야 하겠는지

속뜻단어풀이

- **제: 자 弟子** | 아우 제, 아이 자 [disciple; follower] ❶ 속뜻 아우[弟]나 자식[子]같은 사람. ❷ 스승의 가르침을 받거나 받은 사람. 스승의 날이면 제자들이 찾아온다. (반)스승.
- **통과 通過** | 통할 통, 지날 과 [pass; get through; go through] ❶ 속뜻 일정한 때나 장소를 통(通)하여 지나감[過]. 철조망 통과 훈련 / 국경을 통과하다. ❷ 검사, 시험 따위에서 합격함. 예선 통과는 아무런 문제가 없다 / 입국 심사에서 무사히 통과되어 입국할 수 있었다.

라.

　5절　사마리아에　있는　수가라　하는
동네에　이르시니　야곱이　그　아들　요셉
에게　준　땅이　가깝고
　6절　거기　또　야곱의　우물이　있더라.
예수께서　길　가시다가　피곤하여　우물
곁에　그대로　앉으시니　때가　여섯　시쯤
되었더라.
　7절　사마리아　여자　한　사람이　물을
길으러　왔으매　예수께서　물을　좀　달라

속뜻단어 풀이

- **우물 (井, 우물 정)** | [well] : 물을 긷기 위하여 땅을 파서 지하수를 괴게 한 곳. 또는 그런 시설. **속담** 우물 안 개구리.
- **피곤 疲困** | 지칠 피, 곤할 곤 [tired; exhausted; weary] : 몸이나 마음이 지쳐서[疲] 고단함[困]. 대청소를 했더니 피곤하다.

하시니

8절 이는 제자들이 먹을 것을 사러

그 동네에 들어갔음이러라.

9절 사마리아 여자가 이르되 당신은

유대인으로서 어찌하여 사마리아 여자인

나에게 물을 달라 하나이까 하니 이는

유대인이 사마리아인과 상종하지 아니함

이러라.

10절 예수께서 대답하여 이르시되 네

가 만일 하나님의 선물과 또 네게 물

속뜻단어
풀   이

• **상종 相從** | 서로 상, 따를 종 [associate with] : 서로[相] 따르며[從] 의좋게 지냄. 상종하지 못할 인간 같으니라고!
• **선:물 膳物** | 드릴 선, 만물 물 [give a present; make a gift] : 남에게 물건(物件)을 선사(膳賜)함. 또는 선사한 그 물품. 생일 선물 / 그는 나에게 시계를 선물했다.

좀 달라 하는 이가 누구인 줄 알았더
라면 네가 그에게 구하였을 것이요 그
가 생수를 네게 주었으리라.
11절 여자가 이르되 주여, 물 길을
그릇도 없고 이 우물은 깊은데 어디서
당신이 그 생수를 얻겠사옵나이까?
12절 우리 조상 야곱이 이 우물을
우리에게 주셨고 또 여기서 자기와 자
기 아들들과 짐승이 다 마셨는데 당신
이 야곱보다 더 크니이까?

속뜻단어
풀이

- 생수 生水 | 날 생, 물 수 [natural water] : 끓이거나 소독하지 않은 그대로[生]의 물[水].
- 조상 祖上 | 할아버지 조, 위 상 [ancestor; forefather] ❶ 속뜻 선조(先祖)가 된 윗[上]세대의 어른. 우리는 조상 대대로 이 마을에서 살아왔다.
  ❷ 자기 세대 이전의 모든 세대. 한글에는 조상들의 슬기와 지혜가 담겨 있다. (반)자손(子孫).

13절 예수께서 대답하여 이르시되 이

물을 마시는 자마다 다시 목마르려니와

14절 내가 주는 물을 마시는 자는

영원히 목마르지 아니하리니 내가 주는

물은 그 속에서 영생하도록 솟아나는

샘물이 되리라.

15절 여자가 이르되 주여, 그런 물

을 내게 주사 목마르지도 않고 또 여

기 물 길으러 오지도 않게 하옵소서.

16절 이르시되 가서 네 남편을 불러

속뜻단어 풀이

- **샘:-물** | [spring water] : 샘에서 나오는 물. 땅을 파자 샘물이 퐁퐁 솟았다.
- **남편 男便** | 사내 남, 쪽 편 [husband] : 혼인한 부부의 남자(男子) 쪽[便]을 일컫는 말. (비)부군(夫君). (반)아내.

오라

17절　여자가　대답하여　이르되　나는
남편이　없나이다.　예수께서　이르시되
네가　남편이　없다　하는　말이　옳도다.
18절　너에게　남편　다섯이　있었고　지
금　있는　자도　네　남편이　아니니　네
말이　참되도다.
19절　여자가　이르되　주여,　내가　보
니　선지자로소이다.
20절　우리　조상들은　이　산에서　예배

속뜻단어
풀　이

• 참-되다 | [true; honest] : 거짓이 없으며 진실하고 올바르다. 참되게 살기는 쉽지 않다. (비)참답다.
• 예배 禮拜 | 예도 례, 절 배 [worship] ❶ 속뜻 공손한 예의(禮儀)를 갖추어 절함[拜]. ❷ 기독교 성경(聖經)을 읽고 기도(祈禱)와 찬송으로 하
나님에 대한 숭경(崇敬)의 뜻을 나타내는 일. 예배를 드리다.

하였는데 당신들의 말은 예배할 곳이

예루살렘에 있다 하더이다.

　21절 예수께서 이르시되 여자여 내

말을 믿으라. 이 산에서도 말고 예루

살렘에서도 말고 너희가 아버지께 예배

할 때가 이르리라.

　22절 너희는 알지 못하는 것을 예배

하고 우리는 아는 것을 예배하노니 이

는 구원이 유대인에게서 남이라.

　23절 아버지께 참되게 예배하는 자들

속뜻단어 풀이
- **구:원 救援** | 건질 구, 당길 원 [rescue; relieve] ❶ **속뜻** 물에 빠진 사람을 건져주기[救] 위해 잡아당김[援]. ❷ **기독교** 인류를 죽음과 고통과 죄악에서 건져내는 일. (비)구제(救濟).
- **유대-인 (Judea人, 사람 인)** | [Jew] : 팔레스타인 근처에 거주하는 유대(Judea) 사람들[人]. 유대국의 멸망 후에 전 세계에 흩어져 살다가 1948년 5월 이스라엘 공화국을 건설하였다. (비)유태인.

은 영과 진리로 예배할 때가 오나니

곧 이 때라 아버지께서는 자기에게 이

렇게 예배하는 자들을 찾으시느니라.

24절 하나님은 영이시니 예배하는 자

가 영과 진리로 예배할지니라.

25절 여자가 이르되 메시야 곧 그리

스도라 하는 이가 오실 줄을 내가 아

노니 그가 오시면 모든 것을 우리에게

알려 주시리이다.

26절 예수께서 이르시되 네게 말하는

• **진리 眞理** | 참 진, 이치 리 [truth; fact] : 참된[眞] 이치(理致). 또는 참된 도리. 그 진리를 깨닫는 데 오랜 시간이 걸렸다.
• **메시아** | [Messiah] ❶ 기독교 구약 성서에서, 초인간적 예지(叡智)와 능력을 가지고 이스라엘을 통치하는 왕. ❷ 신약 성서에서, 이 세상에 태어난 예수 그리스도. ❸ 음악 헨델이 1741년에 작곡한 오라토리오. 예수의 탄생, 수난, 부활의 생애를 3부 53장으로 구성하였다.

내	가		그	라		하	시	니	라	.	
	27	절		이		때	에		제	자	들	이		돌	아	와	서		에
수	께	서		여	자	와		말	씀	하	시	는		것	을		이	상	히
여	겼	으	나		무	엇	을		구	하	시	나	이	까	?		어	찌	하
여		그	와		말	씀	하	시	나	이	까	?		묻	는		자	가
없	더	라	.															
	28	절		여	자	가		물	동	이	를		버	려		두	고		동
네	로		들	어	가	서		사	람	들	에	게		이	르	되
	29	절		내	가		행	한		모	든		일	을		내	게		말
한		사	람	을		와	서		보	라	!		이	는		그	리	스	도

속뜻단어
풀 이

• 동: 네 (洞―, 마을 동) | [village] : 여러 가호(家戸)가 지역적으로 한 동아리를 이루어 모여 사는 곳[洞]. (비)마을.

• 그리스도 | [Christ] ❶ 기독교 '구세주' (救世主)라는 뜻. 예수.

가 아니냐 하니

30절 그들이 동네에서 나와 예수께로

오더라.

31절 그 사이에 제자들이 청하여 이

르되 랍비여, 잡수소서.

32절 이르시되 내게는 너희가 알지

못하는 먹을 양식이 있느니라.

33절 제자들이 서로 말하되 누가 잡

수실 것을 갖다 드렸는가 하니

34절 예수께서 이르시되 나의 양식은

속뜻단어
풀 이
- 청-하다 (請—, 청할 청) | [ask; beg; entreat] : 어떤 일을 이루기 위하여 남에게 부탁을 하다[請]. 도움을 청하다.
- 양식 糧食 | 먹을거리 양, 밥 식 [provisions] : 생존을 위하여 필요한 사람의 먹을거리[糧=食]. 양식이 다 떨어지다.

나를 보내신 이의 뜻을 행하며 그의

일을 온전히 이루는 이것이니라.

35절 너희는 넉 달이 지나야 추수할

때가 이르겠다 하지 아니하느냐? 그러

나 나는 너희에게 이르노니 너희 눈을

들어 밭을 보라! 희어져 추수하게 되

었도다.

36절 거두는 자가 이미 삯도 받고

영생에 이르는 열매를 모으나니 이는

뿌리는 자와 거두는 자가 함께 즐거워

**속뜻단어
풀 이**
- **추수 秋收** | 가을 추, 거둘 수 [harvest; gather in] : 가을[秋]에 익은 곡식을 거두어[收] 들임. 이 밥은 올해 추수한 쌀로 지은 것이다. (비)가을걷이.
- **삯** | [wages; pay; hire] : 일한 데 대한 보수로 주는 돈이나 물건. 하루에 5만 원씩 삯을 받고 일하다.

하게 하려 함이라.

37절 그런즉 한 사람이 심고 다른
사람이 거둔다 하는 말이 옳도다.
38절 내가 너희로 노력하지 아니한
것을 거두러 보내었노니 다른 사람들은
노력하였고 너희는 그들이 노력한 것에
참여하였느니라.

39절 여자의 말이 내가 행한 모든
것을 그가 내게 말하였다 증언하므로
그 동네 중에 많은 사마리아인이 예수

• 노력 努力 | 힘쓸 노, 힘 력 [make an effort] : 힘[力]을 다하여 애씀[努]. 또는 그 힘. 꿈을 이루기 위하여는 노력해야 한다.
• 참여 參與 | 헤아릴 참, 도울 여 [participation in; take part in] ❶ 속뜻 어떤 일을 잘 헤아려[參] 도움[與]. ❷ 어떤 일에 끼어들어 관계함. 적극적인 참여와 지지 / 축제에 참여하다.

를   믿는지라.

   40절   사마리아인들이   예수께   와서   자

기들과   함께   유하시기를   청하니   거기서

이틀을   유하시매

   41절   예수의   말씀으로   말미암아   믿는

자가   더욱   많아

   42절   그   여자에게   말하되   이제   우리

가   믿는   것은   네   말로   인함이   아니니

이는   우리가   친히   듣고   그가   참으로

세상의   구주신   줄   앎이라   하였더라.

속뜻단어
풀이

• 세: 상 世上 | 세간 세, 위 상 [world; society] ❶ 속뜻 사람들[世]이 살고 있는 지구 위[上]. ❷ 인간이 활동하거나 생활하고 있는 사회. 그는 세상이 어떻게 돌아가는지 모른다. ❸ 제 마음대로 판을 치며 자유롭게 활동할 수 있는 무대. 여기는 완전히 내 세상이다.
• 구: 주 救主 | 구할 구, 주인 주 [Savior; Redeemer; Messiah] 기독교 '구세주 (救世主)'의 준말. ▶ 구: 주 救主 | 구할 구, 주인 주 [Savior; Redeemer; Messiah] ❶ 속뜻 세상을 구제하는[救世] 군주(君主). ❷ '어려움이나 고통에서 구해 주는 사람'을 비유하여 이르는 말. 기독교에서는 예수를 말한다.

43절 이틀이 지나매 예수께서 거기를

떠나 갈릴리로 가시며

44절 친히 증언하시기를 선지자가 고

향에서는 높임을 받지 못한다 하시고

45절 갈릴리에 이르시매 갈릴리인들이

그를 영접하니 이는 자기들도 명절에

갔다가 예수께서 명절중 예루살렘에서

하신 모든 일을 보았음이더라.

46절 예수께서 다시 갈릴리 가나에

이르시니 전에 물로 포도주를 만드신

 속뜻단어 풀이

• **고향 故鄕** | 옛 고, 시골 향 [one's old home] : 예전[故]에 살던 시골[鄕]. 태어나서 자란 곳. 조상 때부터 대대로 살아온 곳. 고향을 떠나다. (반)타향(他鄕), 객지(客地).

• **명절 名節** | 이름 명, 철 절 [holiday] ❶ 속뜻 유명(有名)한 철[節]이나 날. ❷ 해마다 일정하게 지키어 즐기거나 기념하는 날. 고향으로 돌아가 명절을 쇠다.

곳이라. 왕의 신하가 있어 그의 아들

이 가버나움에서 병들었더니

47절 그가 예수께서 유대로부터 갈릴

리로 오셨다는 것을 듣고 가서 청하되

내려오셔서 내 아들의 병을 고쳐 주소

서 하니 그가 거의 죽게 되었음이라.

48절 예수께서 이르시되 너희는 표적

과 기사를 보지 못하면 도무지 믿지

아니하리라.

49절 신하가 이르되 주여, 내 아이

- **신하 臣下** | 섬길 신, 아래 하 [retainer] : 임금을 섬기며 [臣] 그 아래[下]에서 일하는 사람. 충성스러운 신하.
- **표적 表迹** | 겉 표, 자취 적 [miraculous signs; miracles] : ❶ 겉 [表]으로 나타난 자취 [迹]. ❷ 기독교 기적을 의미
- **기사 奇事** | 기이할 기, 일 사 [Wonder] : 신기한 일, 놀라운 일로 성경에서는 인간의 이성적인 생각을 뛰어넘고 일상생활을 초월한 일을 가리킨다.

가　죽기　전에　내려오소서.

　50절　예수께서　이르시되　가라　네　아

들이　살아　있다　하시니　그　사람이　예

수께서　하신　말씀을　믿고　가더니

　51절　내려가는　길에서　그　종들이　오

다가　만나서　아이가　살아　있다　하거늘

　52절　그　낫기　시작한　때를　물은즉

어제　일곱　시에　열기가　떨어졌나이다

하는지라.

　53절　그의　아버지가　예수께서　네　아

속뜻단어
풀이

• 종: (奴, 종 노) | [servant] : 남의 집에서 대대로 천한 일을 하던 사람. 종 부리듯이 일을 시키다. (비)노비(奴婢).
• 열기 熱氣 | 뜨거울 열, 기운 기 [heat] : 뜨거운[熱] 기운(氣運). 주방에 들어서자 후끈한 열기가 밀려왔다.

둘이 살아 있다 말씀하신 그 때인 줄

알고 자기와 그 온 집안이 다 믿으니

라.

54절 이것은 예수께서 유대에서 갈릴

리로 오신 후에 행하신 두 번째 표적

이니라.

속뜻단어
풀   이

- 말:씀 (語, 말씀 어; 話, 말씀 화; 言, 말씀 언; 談, 말씀 담; 說, 말씀 설; 辭, 말씀 사; 詞, 말씀 사) | [words; speech] : ❶ 웃어른이나 남의 말의 높임말. 선생님 말씀을 따르겠습니다. ❷ 웃어른에게 하는 자기 말의 낮춤말. 잠시 드릴 말씀이 있습니다.
- 집‑안 | [family; social standing of a family] : 가족을 구성원으로 하여 살림을 꾸려 나가는 공동체. 또는 가까운 일가. 온 집안 식구들이 다 모이다.

1. 예수님께서 사마리아 여인에게 주고 싶어하는 샘물은 어떤 물입니까? (14절)

   답 :

2. 그런 샘물을 달라고 부탁하는 사마리아 여인에게 예수님은 "남편을 데려오라"고 하셨습니다. 왜 그

   러셨는지 15-19절을 다시 읽고 생각해보세요.

   답 :

3. 하나님께서 찾으시는 참 '예배자'는 어떻게 하나님을 예배해야 할까요? (23-24절)

   답 : "하나님은 영이시니, 예배하는 자가 (   )과 (   )(   )로 예배할지니라."

요한복음 이해문제

제 5 장

1절　그　후에　유대인의　명절이　되어
예수께서　예루살렘에　올라가시니라.

2절　예루살렘에　있는　양문　곁에　히
브리　말로　베데스다라　하는　못이　있는
데　거기　행각　다섯이　있고

3절　그　안에　많은　병자,　맹인,
다리　저는　사람,　혈기　마른　사람들이
누워　[물의　움직임을　기다리니

4절　이는　천사가　가끔　못에　내려와

 속뜻단어 풀이

- **양문 羊門** | 양 양, 문 문 [Sheep Gate] : 예루살렘의 북쪽에 있었던 성문. 포로귀환 후 느헤미야가 성벽을 건축할 때 대제사장 엘리아십이 만들었다.(느3:1)
- **행각 行閣** | 다닐 행, 집 각 [Colonnade] : 헤롯성전의 이방인 뜰 주위로 돌아가며 만들어진 지붕과 기둥만 있고 벽이 없는 주랑을 말함.
- **혈기 血氣** | 피 혈, 기운 기 [vitality; strength] ❶ **속뜻** 목숨을 유지하는 피 [血] 와 기운(氣運). ❷ 힘차게 활동하게 하는 기운. 혈기 왕성한 젊은이.

물을 움직이게 하는데 움직인 후에 먼

저 들어가는 자는 어떤 병에 걸렸든지

낫게 됨이리라. [

　5절 거기 서른여덟 해 된 병자가

있더라.

　6절 예수께서 그 누운 것을 보시고

병이 벌써 오래된 줄 아시고 이르시되

네가 낫고자 하느냐?

　7절 병자가 대답하되 주여, 물이

움직일 때에 나를 못에 넣어 주는 사

**속뜻단어
풀   이**

• 병:자 病者 | 병 병, 사람 자 [sick person] : 병(病)을 앓는 사람[者]. 병자를 돌보아주다. (비)병인(病人), 환자(患者).
• 못 (池, 못 지; 澤, 못 택; 潭, 못 담, 塘, 못 당) | [pond; pool] : 천연으로나 인공으로 넓고 깊게 팬 땅에 늘 물이 괴어 있는 곳. (비)연못, 지당(池塘), 수택(水澤).

람이　없어　내가　가는　동안에　다른　사

람이　먼저　내려가나이다.

　8절　예수께서　이르시되　일어나　네

자리를　들고　걸어가라　하시니

　9절　그　사람이　곧　나아서　자리를

들고　걸어가니라.　이　날은　안식일이니

　10절　유대인들이　병　나은　사람에게

이르되　안식일인데　네가　자리를　들고

가는　것이　옳지　아니하니라.

　11절　대답하되　나를　낫게　한　그가

 속뜻단어
풀　　이

• **안식-일 安息日** | 편안할 안, 쉴 식날 일 [the Sabbath] 기독교 일을 쉬고[安息] 예배 의식을 행하는 날[日]. 곧 일요일을 이른다. 예수가 일요일 아
침에 부활했다는 데서 유래한다.

• **자리** | [mat; bedding] ❶ 앉거나 눕도록 바닥에 까는 직사각형의 물건. 풀밭에 자리를 깔다. ❷ 깔고 덮고 잘 이부자리. 방에 자리를 펴다.

자리를 들고 걸어가라 하더라 하니

12절 그들이 묻되 너에게 자리를 들

고 걸어가라 한 사람이 누구냐 하되

13절 고침을 받은 사람은 그가 누구

인지 알지 못하니 이는 거기 사람이

많으므로 예수께서 이미 피하셨음이라.

14절 그 후에 예수께서 성전에서 그

사람을 만나 이르시되 보라! 네가 나

았으니 더 심한 것이 생기지 않게 다

시는 죄를 범하지 말라 하시니

속뜻단어
풀 이

• 성:전 聖殿 | 거룩할 성, 대궐 전 [sacred hall] ❶ 속뜻 신성(神聖)한 전당(殿堂). ❷ 가톨릭 가톨릭의 성당. ❸ 기독교 개신교의 예배당.
• 범:-하다 (犯—, 범할 범) | [commit] : ❶ 법률·규칙·도덕 따위를 어기다[犯]. 죄를 범하다. ❷ 잘못을 저지르다. 실수를 범하다. ❸ 남의 권
리·정조·재산 등을 무시하거나 짓밟거나 빼앗다. 특허권을 범하다.

15절 그 사람이 유대인들에게 가서

자기를 고친 이는 예수라 하니라.

16절 그러므로 안식일에 이러한 일을

행하신다 하여 유대인들이 예수를 박해

하게 된지라.

17절 예수께서 그들에게 이르시되 내

아버지께서 이제까지 일하시니 나도 일

한다 하시매

18절 유대인들이 이로 말미암아 더욱

예수를 죽이고자 하니 이는 안식일을

속뜻단어
풀이
• 박해 迫害 | 다그칠 박, 해칠 해 [oppress; persecute] ❶ 속뜻 다그쳐[迫] 해(害)를 입힘. ❷ 못살게 굴어 해롭게 함. 천주교 신도를 박해하다.
• 이제 | [now; this time] : 바로 이때. 지금. 이제 그만 가볼게요.

범할 뿐만 아니라 하나님을 자기의 친

아버지라 하여 자기를 하나님과 동등으

로 삼으심이러라.

19절 그러므로 예수께서 그들에게 이

르시되 내가 진실로 진실로 너희에게

이르노니 아들이 아버지께서 하시는 일

을 보지 않고는 아무 것도 스스로 할

수 없나니 아버지께서 행하시는 그것을

아들도 그와 같이 행하느니라.

20절 아버지께서 아들을 사랑하사 자

속뜻단어
풀 이
• **동등 同等** | 같을 동, 무리 등 [equality] : 같은[同] 등급(等級). 정도 따위가 같음. 고교 졸업 또는 동등의 학력 / 조건이 동등하다.
• **삼:다** | [make] : ❶ 인연을 맺어 무엇으로 정하거나 자기 관계자가 되게 하다. 양자로 삼다. ❷ 무엇으로 무엇이 되게 하다. 실패를 교훈으로 삼다. ❸ 무엇을 무엇으로 가정하다. 그는 재미 삼아 그림을 그린다.

기가 행하시는 것을 다 아들에게 보이
시고 또 그보다 더 큰 일을 보이사
너희로 놀랍게 여기게 하시리라.
21절 아버지께서 죽은 자들을 일으켜
살리심 같이 아들도 자기가 원하는 자
들을 살리느니라.
22절 아버지께서 아무도 심판하지 아
니하시고 심판을 다 아들에게 맡기셨으
니
23절 이는 모든 사람으로 아버지를

속뜻단어
풀   이

• 행-하다 (行—, 행할 행) | [behave] : 작정한 대로 해 나가다[行]. 선을 행하다.
• 심:판 審判 | 살필 심, 판가름할 판 [judge] ❶ 속뜻 문제가 되는 안건을 심의(審議)하여 판결(判決)을 내리는 일. 법의 심판을 받다 / 공정하게
심판하다. ❷ 운동 운동 경기에서 규칙의 적부 여부나 승부를 판정함. 또는 그런 일이나 사람. 축구 심판.

공경하는 것 같이 아들을 공경하게 하
려 하심이라. 아들을 공경하지 아니하
는 자는 그를 보내신 아버지도 공경하
지 아니하느니라.

24절 내가 진실로 진실로 너희에게
이르노니 내 말을 듣고 또 나 보내신
이를 믿는 자는 영생을 얻었고 심판에
이르지 아니하나니 사망에서 생명으로
옮겼느니라.

25절 진실로 진실로 너희에게 이르노

속뜻단어
풀   이
• **공경 恭敬** | 공손할 공, 존경할 경 [respect] : 공손(恭遜)한 마음가짐으로 남을 존경(尊敬)함. (반)구박(驅迫).
• **사:망 死亡** | 죽을 사, 죽을 망 [dead; decease] : 사람의 죽음[死=亡]. 비행기 추락 사고로 탑승자 전원이 사망했다. (반)출생(出生).

니 죽은 자들이 하나님의 아들의 음성
을 들을 때가 오나니 곧 이 때라 듣
는 자는 살아나리라.

26절 아버지께서 자기 속에 생명이
있음 같이 아들에게도 생명을 주어 그
속에 있게 하셨고

27절 또 인자됨으로 말미암아 심판하
는 권한을 주셨느니라.

28절 이를 놀랍게 여기지 말라. 무
덤 속에 있는 자가 다 그의 음성을

속뜻단어 풀이

- **음성 音聲** | 소리 음, 소리 성 [voice; tone] ❶ **속뜻** 사람이 내는 소리[音]와 악기가 내는 소리[聲]. ❷ **언어** 발음기관에서 생기는 음향. 음성변조 / 음성 메시지. (비)목소리.
- **권한 權限** | 권리 권, 끝 한 [competence; competency] : 어떤 사람이나 기관의 권리(權利)나 권력(權力)이 미치는 범위[限]. 국회는 법률을 제정할 수 있는 권한이 있다. (비)권리(權利).

들을 때가 오나니

29절 선한 일을 행한 자는 생명의

부활로, 악한 일을 행한 자는 심판의

부활로 나오리라.

30절 내가 아무 것도 스스로 할 수

없노라. 듣는 대로 심판하노니 나는

나의 뜻대로 하려 하지 않고 나를 보

내신 이의 뜻대로 하려 하므로 내 심

판은 의로우니라.

31절 내가 만일 나를 위하여 증언하

속뜻단어 풀이

• **부:활 復活** | 다시 부, 살 활 [revive; resurrect] ❶ **속뜻** 죽었다가 다시[復] 살아남[活]. 예수의 부활. ❷ 없어졌던 것이 다시 생김. 교복 착용 제도의 부활.
• **의:-롭다 (義—, 옳을 의)** | [rightful; righteous] : 떳떳하고 옳다[義]. 의로운 죽음.

면   내   증언은   참되지   아니하되

　32절   나를   위하여   증언하시는   이가

따로   있으니   나를   위하여   증언하시는

그   증언이   참인   줄   아노라.

　33절   너희가   요한에게   사람을   보내매

요한이   진리에   대하여   증언하였느니라.

　34절   그러나   나는   사람에게서   증언을

취하지   아니하노라.   다만   이   말을   하

는   것은   너희로   구원을   받게   하려   함

이니라.

속뜻단어
풀   이
- **참-되다** | [true; honest] : 거짓이 없으며 진실하고 올바르다. 참되게 살기는 쉽지 않다. (비)참답다.
- **취:-하다 (取—, 가질 취)** | [select; choose; take] : ❶ 무엇을 골라잡거나 가지다. 돈을 취하다. ❷ 어떤 방법이나 방식을 정하여 쓰다. 우리는 반대 입장을 취하기로 했다. ❸ 어떤 행동을 하거나 자세를 보이다. 분명한 태도를 취하다.

35절 요한은 켜서 비추이는 등불이라

너희가 한때 그 빛에 즐거이 있기를

원하였거니와

36절 내게는 요한의 증거보다 더 큰

증거가 있으니 아버지께서 내게 주사

이루게 하시는 역사 곧 내가 하는 그

역사가 아버지께서 나를 보내신 것을

나를 위하여 증언하는 것이요

37절 또한 나를 보내신 아버지께서

친히 나를 위하여 증언하셨느니라. 너

속뜻단어 풀이

• **역사 役事** | 부릴 역, 일 사 [works] ❶ **건축** 토목이나 건축 따위의 공사. ❷ **기독교** 하나님이 일함. 또는 그런 일. ❸ **북한어** 육체적 힘을 들여서 하는 일을 통틀어 이르는 말.

• **친-히 (親—, 몸소 친)** | [personally] : 직접 [親] 제 몸으로. 그는 부하들에게 친히 시범을 보였다. (비)몸소, 손수.

희는 아무 때에도 그 음성을 듣지 못

하였고 그 형상을 보지 못하였으며

38절 그 말씀이 너희 속에 거하지

아니하니 이는 그가 보내신 이를 믿지

아니함이라.

39절 너희가 성경에서 영생을 얻는

줄 생각하고 성경을 연구하거니와 이

성경이 곧 내게 대하여 증언하는 것이

니라.

40절 그러나 너희가 영생을 얻기 위

**속뜻단어
풀 이**

- **형상 形象** | 모양 형, 모양 상 [shape; figure] : 사물의 생긴 모양[形=象]이나 상태. 인간의 형상을 한 괴물.
- **연:구 研究** | 갈 연, 생각할 구 [study; research] ❶ **속뜻** 머리를 문지르며[研] 골똘히 생각함[究]. ❷ 어떤 일이나 사물에 대하여 깊이 있게 조사하고 생각하여 진리를 따져 보는 일. 위암 연구 / 우리말 한자어 연구에 평생을 바쳤다.

하여 내게 오기를 원하지 아니하는도다.

41절 나는 사람에게서 영광을 취하지

아니하노라.

42절 다만 하나님을 사랑하는 것이

너희 속에 없음을 알았노라.

43절 나는 내 아버지의 이름으로 왔

으매 너희가 영접하지 아니하나 만일

다른 사람이 자기 이름으로 오면 영접

하리라.

44절 너희가 서로 영광을 취하고 유

속뜻단어 풀이

• **영광 榮光** | 영화 영, 빛 광 [glory] : 영화(榮華)롭게 빛[光]남. 또는 그러한 영예. 이 영광을 부모님께 돌리겠습니다 / 학교 대표로 뽑힌 것이 영광스럽다.

• **영접 迎接** | 맞이할 영, 사귈 접 [receive; greet] : 손님을 맞아서[迎] 대접(待接)하는 일.

일하신 하나님께로부터 오는 영광은 구하지 아니하니 어찌 나를 믿을 수 있느냐?

45절 내가 너희를 아버지께 고발할까 생각하지 말라. 너희를 고발하는 이가 있으니 곧 너희가 바라는 자 모세니라.

46절 모세를 믿었더라면 또 나를 믿었으리니 이는 그가 내게 대하여 기록하였음이라.

47절 그러나 그의 글도 믿지 아니하

- **고:발 告發** | 알릴 고, 드러낼 발 [complain] ❶ 속뜻 잘못이나 비리 따위를 알려[告] 드러냄[發]. ❷ 피해자나 고소권자가 아닌 제삼자가 수사 기관에 범죄 사실을 신고하여 수사 및 범인의 기소를 요구하는 일. 경찰에 사기꾼을 고발하다.
- **생각 (念, 생각 념; 思, 생각 사; 想, 생각 상)** | [think; remember; imagine] : ❶ 사람이 머리를 써서 사물을 헤아리고 판단하는 작용. ❷ 어떤 일에 대한 의견이나 느낌을 가짐. 또는 그 의견이나 느낌. ❸ 어떤 사람이나 일 따위에 대한 기억. ❹ 앞으로 일어날 일에 대하여 상상해 봄.

거든 어찌 내 말을 믿겠느냐 하시니라.

1. 병든 소년을 고쳐주고(4:46-54), 38년 동안 앓고 있던 병자도 치료해주신(5:5-9) 예수님을 유대인

   들은 죽이려고 했습니다. 그 이유는 무엇이었나요? (18절)

   답 :

2. '구원자'이자 '심판자'이신 예수님께서 믿음을 가진 사람들이 지금 누리고 있는 축복이 무엇이라고

   말씀하셨는지 빈 칸을 채우면서 생각해보세요. (24절)

   답 : "내가 진실로 진실로 네게 이르노니, 내 말을 듣고 또 나 보내신 이를 믿는 자는

   (   )(   )을 얻었고 (   )(   )에 이르지 아니하나니,

   사망에서 (   )(   )으로 옮겼느니라."

3. 모든 '성경'은 누구에 대하여 증언하는 책인가요? (39절)

   답 :

요한복음 이해문제

제 6 장

1절 그 후에 예수께서 디베랴의 갈
릴리 바다 건너편으로 가시매

2절 큰 무리가 따르니 이는 병자들
에게 행하시는 표적을 보았음이러라.

3절 예수께서 산에 오르사 제자들과
함께 거기 앉으시니

4절 마침 유대인의 명절인 유월절이
가까운지라.

5절 예수께서 눈을 들어 큰 무리가

속뜻단어풀이
• **유월절 逾越節** | 넘을 유, 넘을 월, 마디 절[Passover] : 유대교의 3대 절(節)의 하나. 봄의 축제(祝祭)로 이스라엘 민족(民族)이 애급(埃及)에서 탈출(脫出)함을 기념(紀念·記念)하는 명절(名節), 유월이란 여호와가 애급 사람의 맏아들을 모두 죽일 때 이스라엘 사람들의 집에는 어린 양 (羊)의 피를 문기둥에 발라서 표를 하여 놓은 까닭에 그대로 지나가 그 재난(災難)을 면한 데서 온 말.

자기에게로 오는 것을 보시고 빌립에게

이르시되 우리가 어디서 떡을 사서 이

사람들을 먹이겠느냐 하시니

　6절 이렇게 말씀하심은 친히 어떻게

하실지를 아시고 빌립을 시험하고자 하

심이라.

　7절 빌립이 대답하되 각 사람으로

조금씩 받게 할지라도 이백 데나리온의

떡이 부족하리이다.

　8절 제자 중 하나 곧 시몬 베드로

의　　형제　안드레가　　예수께　　여쭈오되
　9절　여기　　한　　아이가　　있어　　보리떡
다섯　개와　　물고기　　두　　마리를　　가지고
있나이다.　　그러나　　그것이　　이　　많은　　사
람에게　　얼마나　　되겠사옵나이까?
　10절　　예수께서　　이르시되　　이　　사람들로
앉게　　하라　　하시니　　그　　곳에　　잔디가　　많
은지라.　　사람들이　　앉으니　　수가　　오천
명쯤　　되더라.
　11절　　예수께서　　떡을　　가져　　축사하신

- **여:쭈다** | [tell; ask] : ❶ 웃어른에게 인사를 드리다. 인사를 여쭈다. ❷ 웃어른께 묻다. 말씀 좀 여쭈겠습니다.
- **축사 祝辭** | 빌 축, 말씀 사 [congratulatory address; greetings; Blessing and giving thanks] : 축하(祝賀)의 뜻으로 하는 말[辭]. 축사를 낭독하다.
  [기독교] 축복하고 감사하는 것. 식사 자리에서 축사, 즉 감사를 드리는 것은 당시 유대인의 관례였다. 이러한 당시의 식사 기도 관습은 오늘날 식사 기도의 배경이 된 것으로 보인다.

후에　앉아　있는　자들에게　나눠　주시고
물고기도　그렇게　그들의　원대로　주시니
라.
　12절　그들이　배부른　후에　예수께서
제자들에게　이르시되　남은　조각을　거두
고　버리는　것이　없게　하라　하시므로
　13절　이에　거두니　보리떡　다섯　개로
먹고　남은　조각이　열두　바구니에　찼더
라.
　14절　그　사람들이　예수께서　행하신

속뜻단어
풀　이

• **제: 자 弟子** | 아우 제, 아이 자 [disciple; follower] ❶ 속뜻 아우[弟]나 자식[子]같은 사람. ❷ 스승의 가르침을 받거나 받은 사람. 스승의 날이면 제자들이 찾아온다. (반)스승.
• **조각** | [piece of, bit of] : ❶ 한 물건에서 따로 떼어 내거나 떨어져 나온 작은 부분. ❷ 종이 따위의 얇고 넓적한 물건의 낱개. ❸ 떼어 내거나 떨어져 나온 부분을 세는 단위.

이 표적을 보고 말하되 이는 참으로
세상에 오실 그 선지자라 하더라.
15절 그러므로 예수께서 그들이 와서
자기를 억지로 붙들어 임금으로 삼으려
는 줄 아시고 다시 혼자 산으로 떠나
가시니라.
16절 저물매 제자들이 바다에 내려가
서
17절 배를 타고 바다를 건너 가버나
움으로 가는데 이미 어두웠고 예수는

속뜻단어 풀이
• 참-으로 | [truly; really] : 진실로. 정말로. 참으로 답답할 노릇이다.
• 임:금 (王, 임금 왕; 君, 임금 군; 帝, 임금 제) | [king] : 군주 국가의 원수. 세종대왕은 조선의 4대 임금이다. (비)국왕(國王), 군주(君主), 왕.

아직 그들에게 오시지 아니하셨더니

18절 큰 바람이 불어 파도가 일어나

더라.

19절 제자들이 노를 저어 십여 리쯤

가다가 예수께서 바다 위로 걸어 배에

가까이 오심을 보고 두려워하거늘

20절 이르시되 내니 두려워하지 말라

하신대

21절 이에 기뻐서 배로 영접하니 배

는 곧 그들이 가려던 땅에 이르렀더라.

속뜻단어 풀이
- **파도 波濤** | 물결 파, 큰 물결 도 [waves; billows] : 바다에 이는 작은 물결[波]과 큰 물결[濤]. 파도가 거세서 배가 뜨지 못한다.
- **리 里** | 마을 리 [village; town] ❶ **속뜻** 면 바로 아래에 있는 한국의 행정 단위. 도시 지역의 '동' (洞)과 비슷하다. ❷ 우리나라 거리의 단위. 1리는 약 0.4km이다. 여기서 안동까지 30리쯤 된다.

22절 이튿날 바다 건너편에 서 있던 무리가 배 한 척 외에 다른 배가 거기 없는 것과 또 어제 예수께서 제자들과 함께 그 배에 오르지 아니하시고 제자들만 가는 것을 보았더니

23절 (그러나 디베랴에서 배들이 주께서 축사하신 후 여럿이 떡 먹던 그 곳에 가까이 왔더라.)

24절 무리가 거기에 예수도 안 계시고 제자들도 없음을 보고 곧 배들을 고 제자들도 없음을 보고 곧 배들을

속뜻단어
풀이

• **척 隻** | 하나 척, [a ship] : 배를 세는 단위
• **축사 祝辭** | 빌 축, 말씀 사 [congratulatory address; greetings] : 축하(祝賀)의 뜻으로 하는 말[辭]. 축사를 낭독하다.

타고 예수를 찾으러 가 버나움으로 가서

　　25절 바다 건너편에서 만나 랍비여,

언제 여기 오셨나이까 하니

　　26절 예수께서 대답하여 이르시되 내

가 진실로 진실로 너희에게 이르노니

너희가 나를 찾는 것은 표적을 본 까

닭이 아니요 떡을 먹고 배부른 까닭이

로다.

　　27절 썩을 양식을 위하여 일하지 말

고 영생하도록 있는 양식을 위하여 하

속뜻단어
풀이
• **까닭** | [reason; excuse] : 일이 생기게 된 원인이나 조건. 무슨 까닭인지 몰라 어리둥절하다. (비)이유(理由).
• **양식 糧食** | 먹을거리 양, 밥 식 [provisions] : 생존을 위하여 필요한 사람의 먹을거리[糧=食]. 양식이 다 떨어지다.

라 이 양식은 인자가 너희에게 주리니

인자는 아버지 하나님께서 인치신 자니

라.

28절 그들이 묻되 우리가 어떻게 하

여야 하나님의 일을 하오리이까?

29절 예수께서 대답하여 이르시되 하

나님께서 보내신 이를 믿는 것이 하나

님의 일이니라 하시니

30절 그들이 묻되 그러면 우리가 보

고 당신을 믿도록 행하시는 표적이 무

속뜻단어풀이
- **대:답 對答** | 대할 대, 답할 답 [answer; reply] ❶ **속뜻** 묻는 말에 대(對)하여 답(答)함. 선생님의 질문에 대답했다. ❷ 어떤 문제를 푸는 실마리. 또는 그 해답. 잘 생각해보면 대답을 찾을 수 있다. (비)응답(應答), 답변(答辯), 해답(解答). (반) 질문(質問).
- **표적 表迹** | 겉 표, 자취 적 [miraculous signs; miracles] ❶ 겉[表]으로 나타난 자취[迹]. ❷ **기독교** 기적을 의미.

엇이니이까, 하시는 일이 무엇이니이까?

31절 기록된 바 하늘에서 그들에게

떡을 주어 먹게 하였다 함과 같이 우

리 조상들은 광야에서 만나를 먹었나이

다.

32절 예수께서 이르시되 내가 진실로

진실로 너희에게 이르노니 모세가 너희

에게 하늘로부터 떡을 준 것이 아니라

내 아버지께서 너희에게 하늘로부터 참

떡을 주시나니

속뜻단어
풀이

• **기록 記錄** | 적을 기, 베낄 록 [record] ❶ **속뜻** 적어두고[記] 베껴둠[錄]. ❷ 후일에 남길 목적으로 어떤 사실을 적음. 또는 그런 글. ❸ 운동 경기 따위에서 세운 성적이나 결과를 수치로 나타낸 것. 그는 세계 최고 기록을 경신했다.
• **조상 祖上** | 할아버지 조, 위 상 [ancestor; forefather] ❶ **속뜻** 선조(先祖)가 된 윗[上]세대의 어른. 우리는 조상 대대로 이 마을에서 살아왔다. ❷ 자기 세대 이전의 모든 세대. 한글에는 조상들의 슬기와 지혜가 담겨 있다. (반)자손(子孫).

33절 하나님의 떡은 하늘에서 내려

세상에 생명을 주는 것이니라.

34절 그들이 이르되 주여, 이 떡을

항상 우리에게 주소서.

35절 예수께서 이르시되 나는 생명의

떡이니 내게 오는 자는 결코 주리지

아니할 터이요 나를 믿는 자는 영원히

목마르지 아니하리라.

36절 그러나 내가 너희에게 이르기를

너희는 나를 보고도 믿지 아니하는도다

- **생명 生命** | 살 생, 목숨 명 [life] ❶ 속뜻 살아가는[生] 데 꼭 필요한 목숨[命]. 생명의 은인 / 생명이 위태롭다. ❷ 사물이 존재할 수 있는 가장 중요한 요건을 비유하여 이르는 말. 가수는 목소리가 생명이다.
- **영:원 永遠** | 길 영, 멀 원 [eternal; everlasting] : 어떤 상태가 끝없이 길게[永] 멀리[遠] 이어짐. 또는 시간을 초월하여 변하지 아니함. 영원한 사랑 / 나는 그와 영원히 함께 할 것이다.

하였느니라.

　37절　아버지께서　내게　주시는　자는

다　내게로　올　것이요　내게　오는　자는

내가　결코　내쫓지　아니하리라.

　38절　내가　하늘에서　내려온　것은　내

뜻을　행하려　함이　아니요　나를　보내신

이의　뜻을　행하려　함이니라.

　39절　나를　보내신　이의　뜻은　내게

주신　자　중에　내가　하나도　잃어버리지

아니하고　마지막　날에　다시　살리는　이

속뜻단어
풀이
• 결코 (決―, 터질 결) | [never] : 어떤 경우에도 절대로. 결코 우연한 일이 아니다. (비)결단코.
• 뜻 | [meaning; mind] : ❶ 글이나 말의 속내. 이 낱말의 뜻은 전혀 모르겠다. ❷ 무엇을 하려고 속으로 먹은 마음. 고인의 뜻을 받들다.

것이니라.

　40절　내　아버지의　뜻은　아들을　보고
믿는　자마다　영생을　얻는　이것이니　마
지막　날에　내가　이를　다시　살리리라
하시니라.

　41절　자기가　하늘에서　내려온　떡이라
하시므로　유대인들이　예수에　대하여　수
군거려

　42절　이르되　이는　요셉의　아들　예수
가　아니냐?　그　부모를　우리가　아는데

속뜻단어
풀이

- 수군-거리다 | [whisper; exchange whispers] : 낮은 소리로 자꾸 가만가만 말하다. 마을 사람들은 뭔가 수군거렸다. (비)수군대다.
- 부모 父母 | 아버지 부, 어머니 모 [parents] : 아버지[父]와 어머니[母]. 수술을 하기 전에 부모의 동의가 필요하다. (비)어버이, 양친(兩親).

자기가 지금 어찌하여 하늘에서 내려왔다 하느냐?

43절 예수께서 대답하여 이르시되 너희는 서로 수군거리지 말라.

44절 나를 보내신 아버지께서 이끌지 아니하시면 아무도 내게 올 수 없으니 오는 그를 내가 마지막 날에 다시 살리리라.

45절 선지자의 글에 그들이 다 하나님의 가르치심을 받으리라. 기록되었은

**속뜻단어
풀이**

- **선지-자 先知者** | 먼저 선, 알 지, 사람 자 [prophet; prophetess] ❶ **속뜻** 세상일을 남보다 먼저[先] 깨달아 아는[知] 사람[者]. 선각자(先覺者). ❷ 지난날 '예언자(預言者)'를 이르던 말.
- **기록 記錄** | 적을 기, 베낄 록 [record] ❶ **속뜻** 적어두고[記] 베껴둠[錄]. ❷ 주로 후일에 남길 목적으로 어떤 사실을 적음. 또는 그런 글. ❸ 운동 경기 따위에서 세운 성적이나 결과를 수치로 나타낸 것. 그는 세계 최고 기록을 경신했다.

즉 아버지께 듣고 배운 사람마다 내게
로 오느니라.

　46절 이는 아버지를 본 자가 있다는
것이 아니라 오직 하나님에게서 온 자
만 아버지를 보았느니라.

　47절 진실로 진실로 너희에게 이르노
니 믿는 자는 영생을 가졌나니

　48절 내가 곧 생명의 떡이니라.

　49절 너희 조상들은 광야에서 만나를
먹었어도 죽었거니와

속뜻단어
풀　　이
- **영:생 永生** | 길 영, 날 생 [eternal life] : 영원(永遠)한 생명(生命). 또는 영원히 삶. 진시황제는 영생을 위해 불로초를 찾아다녔다.
- **광:야 曠野** | =廣野, 넓을 광, 들 야 [wilderness ; vast plain] : 광활(曠闊)한 벌판[野]. 텅 비고 아득히 넓은 들.

50절 이는 하늘에서 내려오는 떡이니 사람으로 하여금 먹고 죽지 아니하게 하는 것이니라.

51절 나는 하늘에서 내려온 살아 있는 떡이니 사람이 이 떡을 먹으면 영생하리라. 내가 줄 떡은 곧 세상의 생명을 위한 내 살이니라 하시니라.

52절 그러므로 유대인들이 서로 다투어 이르되 이 사람이 어찌 능히 자기 살을 우리에게 주어 먹게 하겠느냐?

• **유대-인 (Judea-人, 사람인) |** [Jew] : 팔레스타인 근처에 거주하는 유대(Judea) 사람들[人]. 유대국의 멸망 후에 전 세계에 흩어져 살다가 1948년 5월 이스라엘 공화국을 건설하였다. (비)유태인.

• **능히 (能-, 능할 능) |** [easily] : 능력이 있어서 쉽게. 능-하다 (能—, 능할 능) [able; capable] 서투르지 않고 기술이 뛰어나 잘한다[能]. 그녀는 바이올린보다 피아노에 능하다 / 그 일은 나 혼자서도 능히 해낼 수 있다. (반)서투르다. ▇속담 날면 기는 것이 능하지 못하다.

53절 예수께서 이르시되 내가 진실로 진실로 너희에게 이르노니 인자의 살을 먹지 아니하고 인자의 피를 마시지 아니하면 너희 속에 생명이 없느니라.

54절 내 살을 먹고 내 피를 마시는 자는 영생을 가졌고 마지막 날에 내가 그를 다시 살리리니

55절 내 살은 참된 양식이요 내 피는 참된 음료로다.

56절 내 살을 먹고 내 피를 마시는

• **양식 糧食** | 먹을거리 양, 밥 식 [provisions] : 생존을 위하여 필요한 사람의 먹을거리[糧=食]. 양식이 다 떨어지다.

• **음:료 飮料** | 마실 음, 거리 료 [beverage; drink] : 마실[飮] 거리[料]. 그는 차가운 음료를 들이켰다.

자는 내 안에 거하고 나도 그의 안에

거하나니

　57절 살아 계신 아버지께서 나를 보

내시매 내가 아버지로 말미암아 사는

것 같이 나를 먹는 그 사람도 나로

말미암아 살리라.

　58절 이것은 하늘에서 내려온 떡이니

조상들이 먹고도 죽은 그것과 같지 아

니하여 이 떡을 먹는 자는 영원히 살

리라.

**속뜻단어
풀   이**

• **말미암다 (由, 말미암을 유)** | [come from] : 어떤 현상이나 사물이 원인이나 이유가 되다. 할머니는 폭우로 말미암아 오시지 못했다. (비)인(因)
　하다, 연유(緣由)하다.

• **조상 祖上** | 할아버지 조, 위 상 [ancestor; forefather] ❶ **속뜻** 선조(先祖)가 된 윗[上]세대의 어른. 우리는 조상 대대로 이 마을에서 살아왔다.
　❷ 자기 세대 이전의 모든 세대. 한글에는 조상들의 슬기와 지혜가 담겨 있다. (반)자손(子孫).

59절 이 말씀은 예수께서 가버나움 회당에서 가르치실 때에 하셨느니라.

60절 제자 중 여럿이 듣고 말하되 이 말씀은 어렵도다, 누가 들을 수 있느냐 한대

61절 예수께서 스스로 제자들이 이 말씀에 대하여 수군거리는 줄 아시고 이르시되 이 말이 너희에게 걸림이 되느냐?

62절 그러면 너희는 인자가 이전에

속뜻단어
풀이

• **회:당 會堂** | 모일 회, 집 당 [hall; a synagogue] ❶ 속뜻 여러 사람이 모일[會] 수 있도록 마련된 집[堂]. 회관(會館). ❷ 기독교 예배당(禮拜堂).

• **제:자 弟子** | 아우 제, 아이 자 [disciple; follower] ❶ 속뜻 아우[弟]나 자식[子]같은 사람. ❷ 스승의 가르침을 받거나 받은 사람. 스승의 날이면 제자들이 찾아온다. (반)스승.

있던 곳으로 올라가는 것을 본다면 어

떻게 하겠느냐?

63절 살리는 것은 영이니 육은 무익

하니라. 내가 너희에게 이른 말은 영

이요 생명이라.

64절 그러나 너희 중에 믿지 아니하

는 자들이 있느니라 하시니 이는 예수

께서 믿지 아니하는 자들이 누구며 자

기를 팔 자가 누구인지 처음부터 아심

이러라.

**속뜻단어
풀 이**

• **육 肉** | 몸 육 [flesh] ❶ 짐승의 살. '고기', '살코기'로 순화. ❷ [같은 말] 육체(肉體) (구체적인 물체로서 사람의 몸).
• **무익 無益** | 없을 무, 더할 익 [useless; futile] : 이익(利益)이 없음[無]. 담배는 무익하다. (반)유익(有益)하다.

65절 또 이르시되 그러므로 전에 너
희에게 말하기를 내 아버지께서 오게
하여 주지 아니하시면 누구든지 내게
올 수 없다 하였노라 하시니라.
66절 그 때부터 그의 제자 중에서
많은 사람이 떠나가고 다시 그와 함께
다니지 아니하더라.
67절 예수께서 열두 제자에게 이르시
되 너희도 가려느냐?
68절 시몬 베드로가 대답하되 주여,

속뜻단어
풀 이

• 사:람 (人, 사람 인) | [humans; man] ❶ 생각을 하고 언어를 사용하며, 도구를 만들어 쓰고 사회를 이루어 사는 동물. ❷ 일정한 자격이나 품격 등을 갖춘 이. 그의 어머니는 그를 사람으로 만들려고 엄청 애를 썼다. (비)인간(人間). 속담 사람 위에 사람 없고 사람 밑에 사람 없다.

영생의 말씀이 주께 있사오니 우리가 누구에게로 가오리이까?

69절 우리가 주는 하나님의 거룩하신 자이신 줄 믿고 알았사옵나이다.

70절 예수께서 대답하시되 내가 너희 열둘을 택하지 아니하였느냐? 그러나 너희 중의 한 사람은 마귀니라 하시니

71절 이 말씀은 가룟 시몬의 아들 유다를 가리키심이라. 그는 열둘 중의 하나로 예수를 팔 자러라.

속뜻단어풀이

• **거룩** | [holy] : 히브리어로 '코데쉬'는 '잘라냄, 분리함'을 의미하는 말로 더러움과 분리된 상태를 말한다. 거룩은 하나님께만 있는 성품으로 모든 피조물과 완전히 다르게 구별되심을 말한다.

• **마귀 魔鬼** | 마귀 마, 귀신 귀 [evil spirit; devil; demon] : 요사스럽고 못된 귀신[魔=鬼]. (비)악마(惡魔).

1. 예수님은 보리떡 5개와 물고기 2마리로 몇 사람이 식사를 하도록 하셨나요?

　답 :

2. 자신을 "생명의 떡"이라고 소개하신 예수님께서 이 세상에 오신 목적은 무엇인가요?

　39-40, 44절 :

　51, 54-55, 58절 :

요한복음 이해문제

제 7 장

1 절　그　후에　예수께서　갈릴리에서

다니시고　유대에서　다니려　아니하심은

유대인들이　죽이려　함이리라.

2 절　유대인의　명절인　초막절이　가까

운지라.

3 절　그　형제들이　예수께　이르되　당

신이　행하는　일을　제자들도　보게　여기

를　떠나　유대로　가소서.

4 절　스스로　나타나기를　구하면서　묻

속뜻단어
풀이

• **명절 名節** | 이름 명, 철 절 [holiday] ❶ 속뜻 유명(有名)한 철[節]이나 날. ❷ 해마다 일정하게 지키어 즐기거나 기념하는 날.
• **초막절 草幕節** | 풀 초, 장막 막, 마디 절 [Feast of Tabernacles] : 유대 인의 추수 경축절. 올리브, 포도 등을 추수하여 저장한 후 티쉬리월(7월, 태양력으로는 9−10월) 15일부터 지키는 감사절기를 말함.(fp 23:34−41), 곡식을 거두고 저장한 후 지키는 절기라 하여 수장절이라고도 하고 장막절이라고도 함.

혀서　일하는　사람이　없나니　이　일을

행하려　하거든　자신을　세상에　나타내소

서　하니

　　5절　이는　그　형제들까지도　예수를

믿지　아니함이러라.

　　6절　예수께서　이르시되　내　때는　아

직　이르지　아니하였거니와　너희　때는　늘

늘　준비되어　있느니라.

　　7절　세상이　너희를　미워하지　아니하

되　나를　미워하나니　이는　내가　세상의

속뜻단어
풀　이

• 형제 兄弟 | 맏 형, 아우 제 [brother] : 형[兄]과 아우[弟]. 사이좋은 형제.
• 준:비 準備 | 고를 준, 갖출 비 [prepare] : 필요한 것을 미리 골고루[準] 다 갖춤[備]. 내일 소풍 갈 준비는 다 되었느냐.

일들을 악하다고 증언함이라.

8절 너희는 명절에 올라가라 내 때

가 아직 차지 못하였으니 나는 이 명

절에 아직 올라가지 아니하노라.

9절 이 말씀을 하시고 갈릴리에 머

물러 계시니라.

10절 그 형제들이 명절에 올라간 후

에 자기도 올라가시되 나타내지 않고

은밀히 가시니라.

11절 명절 중에 유대인들이 예수를 찾

속뜻단어 풀이
- **증언 證言** | 증거 증, 말씀 언 [testify; attest] **법률** 증인(證人)으로서 사실을 말함[言]. 또는 그런 말. 목격자의 증언을 듣다 / 범인은 붉은 셔츠를 입었다고 증언했다.
- **은밀 隱密** | 숨길 은, 몰래 밀 [secret; covert] : 숨어서[隱] 몰래[密]. 또는 남몰래. 그는 나에게 은밀히 말했다.

으면서 그가 어디 있느냐 하고

  12절 예수에 대하여 무리 중에서 수

군거림이 많아 어떤 사람은 좋은 사람

이라 하며 어떤 사람은 아니라 무리를

미혹한다 하나

  13절 그러나 유대인들을 두려워하므로

드러나게 그에 대하여 말하는 자가 없

더라.

  14절 이미 명절의 중간이 되어 예수

께서 성전에 올라가사 가르치시니

속뜻단어
풀 이

• 무리 (類, 무리 류; 黨, 무리 당; 衆, 무리 중; 群, 무리 군; 徒, 무리 도; 輩, 무리 배) | [group; crowd; flock] : 사람이나 짐승 따위가 함께 모여 있는 것. (비) 떼.

• 미혹 迷惑 | 미혹할 미, 미혹할 혹 [delusion; infatuation] ❶ 속뜻 마음이 흐려서 [迷] 무엇에 홀림 [惑]. ❷ 정신이 헷갈려 갈팡질팡 헤맴.

15절 유대인들이 놀랍게 여겨 이르되 이 사람은 배우지 아니하였거늘 어떻게 글을 아느냐 하니

16절 예수께서 대답하여 이르시되 내 교훈은 내 것이 아니요 나를 보내신 이의 것이니라.

17절 사람이 하나님의 뜻을 행하려 하면 이 교훈이 하나님께로부터 왔는지 내가 스스로 말함인지 알리라.

18절 스스로 말하는 자는 자기 영광

속뜻단어
풀이

- **교:훈 敎訓** | 가르칠 교, 가르칠 훈 [teaching; instruction] : 앞으로의 행동이나 생활에 지침이 될 만한 가르침 [敎=訓]. 실패는 그에게 교훈이 되었다.
- **영광 榮光** | 영화 영, 빛 광 [glory] : 영화(榮華)롭게 빛 [光]남. 또는 그러한 영예. 이 영광을 부모님께 돌리겠습니다 / 학교 대표로 뽑힌 것이 영광스럽다.

만　구하되　보내신　이의　영광을　구하는
자는　참되니　그　속에　불의가　없느니라.
　19절　모세가　너희에게　율법을　주지
아니하였느냐?　너희　중에　율법을　지키
는　자가　없도다.　너희가　어찌하여　나
를　죽이려　하느냐?
　20절　무리가　대답하되　당신은　귀신이
들렸도다.　누가　당신을　죽이려　하나이
까?
　21절　예수께서　대답하여　이르시되　내

속뜻단어 풀이

• **불의 不義** | 아닐 불, 옳을 의 [immorality] : 옳지 [義] 아니한 [不] 일. 나는 불의를 보면 참지 못한다. (반) 정의(正義).
• **귀:신 鬼神** | 귀신 귀, 귀신 신 [ghost] ❶ 속뜻 인신(人神)인 '鬼'와 천신(天神)인 '神'을 아울러 이르는 말. ❷ 사람에게 화(禍)와 복(福)을 내려 준다는 신령(神靈). ❸ 어떤 일에 남보다 뛰어난 재주가 있는 사람을 비유하여 이르는 말. 귀신같은 솜씨. 속담 말 안 하면 귀신도 모른다.

가 한 가지 일을 행하매 너희가   다
이로 말미암아   이상히   여기는도다.
   22절 모세가   너희에게   할례를   행했으
니 (그러나   할례는   모세에게서   난 것
이 아니요   조상들에게서   난 것이라.)
그러므로   너희가   안식일에도   사람에게
할례를   행하느니라.
   23절   모세의   율법을   범하지   아니하려
고 사람이   안식일에도   할례를   받는   일
이 있거든   내가   안식일에   사람의   전신

속뜻단어 풀이

- **할례 割禮** | 나눌 할, 예도 례 [Circumcision] : ❶ 남성 성기의 포피 끝을 잘라버리는 의식. ❷ 할례는 하나님의 명령으로 이스라엘에게 행해진 할례는 하나님과 이스라엘 사이의 언약의 표증이었으며 이스라엘이 하나님께 선택되어 언약을 맺은 백성으로서 하나님께 순종하고 헌신하겠다는 약속의 상징이었다.
- **전신 全身** | 모두 전, 몸 신 [whole body] : 온[全] 몸[身]. 몸 전체. 전신이 다 아프다 / 전신 거울.

을 건전하게 한 것으로 너희가 내게

노여워하느냐?

    24절 외모로 판단하지 말고 공의롭게

판단하라 하시니라.

    25절 예루살렘 사람 중에서 어떤 사

람이 말하되 이는 그들이 죽이고자 하

는 그 사람이 아니냐?

    26절 보라! 드러나게 말하되 그들이

아무 말도 아니하는도다. 당국자들은

이 사람을 참으로 그리스도인 줄 알았

속뜻단어
풀 이

• **공의 公義** | 공평할 공, 옳을 의[righteousness; justice] : 공평하고[公] 옳음[義].
• **당국 當局** | 맡을 당, 관청 국 [authorities] : 어떤 일을 담당(擔當)하여 처리하는 기관이나 부서[局]. 당국의 허가를 얻다.

는가?

27절 그러나 우리는 이 사람이 어디서 왔는지 아노라. 그리스도께서 오실 때에는 어디서 오시는지 아는 자가 없으리라 하는지라.

28절 예수께서 성전에서 가르치시며 외쳐 이르시되 너희가 나를 알고 내가 어디서 온 것도 알거니와 내가 스스로 온 것이 아니니라. 나를 보내신 이는 참되시니 너희는 그를 알지 못하나

속뜻단어풀이
- 성:전 聖殿 | 거룩할 성, 대궐 전 [sacred hall] ❶ 속뜻 신성(神聖)한 전당(殿堂). ❷ 가톨릭 가톨릭의 성당. ❸ 기독교 개신교의 예배당.
- 참-되다 | [true; honest] : 거짓이 없으며 진실하고 올바르다. 참되게 살기는 쉽지 않다. (비)참답다.

29절 나는 아노니 이는 내가 그에게서 났고 그가 나를 보내셨음이라 하시니

30절 그들이 예수를 잡고자 하나 손을 대는 자가 없으니 이는 그의 때가 아직 이르지 아니하였음이러라.

31절 무리 중의 많은 사람이 예수를 믿고 말하되 그리스도께서 오실지라도 그 행하실 표적이 이 사람이 행한 것보다 더 많으랴 하니

속뜻단어
풀   이

• 무리 (類, 무리 류; 黨, 무리 당; 衆, 무리 중; 群, 무리 군; 徒, 무리 도; 輩, 무리 배) | [group; crowd; flock] : 사람이나 짐승 따위가 함께 모여 있는 것. (비)떼.

• 표적 表迹 | 겉 표, 자취 적 [miraculous signs; miracles] ❶ 겉[表]으로 나타난 자취[迹]. ❷ 기독교 기적을 의미.

32절　예수에　대하여　무리가　수군거리
는　것이　바리새인들에게　들린지라.　대
제사장들과　바리새인들이　그를　잡으려고
아랫사람들을　보내니
33절　예수께서　이르시되　내가　너희와
함께　조금　더　있다가　나를　보내신　이
에게로　돌아가겠노라.
34절　너희가　나를　찾아도　만나지　못
할　터이요　나　있는　곳에　오지도　못하
리라　하시니

속뜻단어
풀　이

• **대제사장 大祭司長** | 클 대/큰 대, 제사 제, 맡을 사, 어른 장 [chief priest; high priest] : 성막과 제사의 일을 담당했던 레위 지파와 제사장들 가운데 이스라엘 백성을 대표하고 제사에 관한 제반사항을 지휘했던 제사장직의 최고위자.

• **바리새인** | [Pharisees] ❶ 기독교 바리새교의 교인. ❷ 3대 유대 분파의 하나. 모세의 율법과 부활, 천사, 영의 존재를 믿었다. ❸ 위선자를 비유적으로 이르는 말.

35절　이에　유대인들이　서로　묻되　이
사람이　어디로　가기에　우리가　그를　만
나지　못하리요　헬라인　중에　흩어져　사
는　자들에게로　가서　헬라인을　가르칠
터인가?

36절　나를　찾아도　만나지　못할　터이
요　나　있는　곳에　오지도　못하리라　한
이　말이　무슨　말이냐　하니라.

37절　명절　끝날　곧　큰　날에　예수께
서　서서　외쳐　이르시되　누구든지　목마

속뜻단어　　• 헬라인 (헬라-人, 사람인) | [Greek] : 유럽의 남동지역, 발칸반도의 남쪽에 있던 나라.　기독교　'그리스'를 성경에서 부르는 이름.
풀　　이

르거든   내게로   와서   마시라.

　38절   나를   믿는   자는   성경에   이름과

같이   그   배에서   생수의   강이   흘러나오

리라   하시니

　39절   이는   그를   믿는   자들이   받을

성령을   가리켜   말씀하신   것이라.   (예

수께서   아직   영광을   받지   않으셨으므로

성령이   아직   그들에게   계시지   아니하시

더라.   )

　40절   이   말씀을   들은   무리   중에서

 **속뜻단어
풀 이**

- **성:경 聖經** | 거룩할 성, 책 경 [Holy Bible] : 각 종교에서 거룩한[聖] 내용을 담은 경전(經典). 기독교의 성서, 불교의 대장경, 유교의 사서삼경, 회교의 코란 따위. (비)성서(聖書), 성전(聖典).
- **성:령 聖靈** | 성스러울 성, 신령 령 [Holy Spirit] ❶ 속뜻 성(聖)스러운 신령(神靈) ❷ 기독교 성삼위 중의 하나인 하나님의 영을 이르는 말. 성령의 힘을 받았다.

어떤 사람은 이 사람이 참으로 그 선지자라 하며

41절 어떤 사람은 그리스도라 하며 어떤 이들은 그리스도가 어찌 갈릴리에서 나오겠느냐?

42절 성경에 이르기를 그리스도는 다윗의 씨로 또 다윗이 살던 마을 베들레헴에서 나오리라 하지 아니하였느냐 하며

43절 예수로 말미암아 무리 중에서

속뜻단어
풀이

- 선지-자 先知者 | 먼저 선, 알 지, 사람 자 [prophet; prophetess] ❶ 속뜻 세상일을 남보다 먼저[先] 깨달아 아는[知] 사람[者]. 선각자(先覺者). ❷ 지난날 '예언자(預言者)'를 이르던 말.
- 마을 (里, 마을 리; 村, 마을 촌; 府, 마을 부) | [village; hamlet] : 주로 시골에서, 여러 집이 모여 사는 곳. 그는 작은 시골 마을에서 자랐다. (비) 동리(洞里), 촌락(村落).

쟁론이 되니

　44절 그 중에는 그를 잡고자 하는

자들도 있으나 손을 대는 자가 없었더

라.

　45절 아랫사람들이 대제사장들과 바리

새인들에게로 오니 그들이 묻되 어찌하

여 잡아오지 아니하였느냐?

　46절 아랫사람들이 대답하되 그 사람

이 말하는 것처럼 말한 사람은 이 때

까지 없었나이다 하니

속뜻단어
풀　이
• 아랫-사람 | [one's junior] : 나이나 지위, 신분 따위가 자기보다 낮은 사람. 그는 언제나 아랫사람의 말을 잘 들어준다. (반) 윗사람.
• 어찌-하다 | ❶ 어떻게 하다. 이 많은 책을 다 어찌하려고요? ❷ 무슨 이유로. 어찌하여 그렇게 내 마음을 몰라주니?

47절 바리새인들이 대답하되 너희도
미혹되었느냐?

48절 당국자들이나 바리새인 중에 그
를 믿는 자가 있느냐?

49절 율법을 알지 못하는 이 무리는
저주를 받은 자로다.

50절 그 중의 한 사람 곧 전에 예
수께 왔던 니고데모가 그들에게 말하되

51절 우리 율법은 사람의 말을 듣고
그 행한 것을 알기 전에 심판하느냐?

**속뜻단어
풀 이**

• **저:주 詛呪** | 욕할 저, 빌 주 [curse; execrate] : 미운 이에게 욕하며 [詛] 재앙이나 불행이 닥치기를 빎 [呪]. 저주의 말을 퍼붓다. (반)축복(祝福).
• **심:판 審判** | 살필 심, 판가름할 판 [judge] ❶ **속뜻** 문제가 되는 안건을 심의(審議)하여 판결(判決)을 내리는 일. 법의 심판을 받다 / 공정하게
심판하다. ❷ **운동** 운동 경기에서 규칙의 적부 여부나 승부를 판정함. 또는 그런 일이나 사람. 축구 심판.

52절　그들이　대답하여　이르되　너도
갈릴리에서　왔느냐?　찾아　보라!　갈릴
리에서는　선지자가　나지　못하느니라　하
였더라.
53절　[다　각각　집으로　돌아가고

• 선지-자 先知者 | 먼저 선, 알 지, 사람 자 [prophet; prophetess] ❶ 속뜻 세상일을 남보다 먼저[先] 깨달아 아는[知] 사람[者]. 선각자(先覺者).
❷ 지난날 '예언자(預言者)'를 이르던 말.

1. 예수님이 사람들에게 가르치신 교훈은 원래 누구의 것이라고 말씀하셨나요?

답 :

2. 예수님을 믿는 사람은 그의 배에서 생수의 강이 흘러나올 것이라고 말씀하셨는데, 이 "생수의 강"은 무엇이라고 성경은 말씀하고 있습니까? (37-39절)

답 :

요한복음 이해문제

제 8 장

1절 예수는 감람 산으로 가시니라.

2절 아침에 다시 성전으로 들어오시니 백성이 다 나아오는지라. 앉으사 그들을 가르치시더니

3절 서기관들과 바리새인들이 음행 중에 잡힌 여자를 끌고 와서 가운데 세우고

4절 예수께 말하되 선생이여, 이 여자가 간음하다가 현장에서 잡혔나이다.

속뜻단어
풀이

• 서기관 書記官 | 쓸 서, 기록할 기, 벼슬 관 [clerk; secretary] ❶ 속뜻 단체나 회의에서 문서(文書)나 기록(記錄) 따위를 맡아보는 사람. ❷ 법률 일반직 8급 공무원의 직급.
• 음행 淫行 | 음란할 음, 행할 행 [lewd[immoral, unchaste] conduct] : 음란(淫亂)한 행실(行實).

5절 모세는 율법에 이러한 여자를

돌로 치라 명하였거니와 선생은 어떻게

말하겠나이까?

6절 그들이 이렇게 말함은 고발할

조건을 얻고자 하여 예수를 시험함이러

라. 예수께서 몸을 굽히사 손가락으로

땅에 쓰시니

7절 그들이 묻기를 마지 아니하는지

라. 이에 일어나 이르시되 너희 중에

죄 없는 자가 먼저 돌로 치라 하시고

속뜻단어
풀   이

• **고:발 告發** | 알릴 고, 드러낼 발 [complain] ❶ 속뜻 잘못이나 비리 따위를 알려[告] 드러냄[發]. ❷ 피해자나 고소권자가 아닌 제삼자가 수사
기관에 범죄 사실을 신고하여 수사 및 범인의 기소를 요구하는 일. 경찰에 사기꾼을 고발하다.
• **조건 條件** | 가지 조, 구분할 건 [condition] ❶ 속뜻 각가지[條]로 나누어 구분한[件] 사항. ❷ 어떤 일을 결정하기에 앞서 내놓는 요구나 견해.
협상 조건을 제시하다.

8절 다시 몸을 굽혀 손가락으로 땅에 쓰시니

9절 그들이 이 말씀을 듣고 양심에 가책을 느껴 어른으로 시작하여 젊은이까지 하나씩 하나씩 나가고 오직 예수와 그 가운데 섰는 여자만 남았더라.

10절 예수께서 일어나사 여자 외에 아무도 없는 것을 보시고 이르시되 여자여 너를 고발하던 그들이 어디 있느냐? 너를 정죄한 자가 없느냐?

속뜻단어풀이

• **양심 良心** | 어질 량, 마음 심 [conscience] ❶ 속뜻 선량(善良)한 마음[心]. ❷ 사물의 가치를 변별하고 자기 행위에 대하여 옳고 그름과 선과 악의 판단을 내리는 도덕적 의식. 양심에 걸려서 거짓말은 못하겠다.
• **가: 책 呵責** | 꾸짖을 가, 꾸짖을 책 [rebuke; blame] : 꾸짖어 [呵] 책망(責望)함. 꾸짖고 나무람. 양심의 가책을 느끼다.

11절 대답하되 주여, 없나이다. 예
수께서 이르시되 나도 너를 정죄하지
아니하노니 가서 다시는 죄를 범하지
말라 하시니라.]

12절 예수께서 또 말씀하여 이르시되
나는 세상의 빛이니 나를 따르는 자는
어둠에 다니지 아니하고 생명의 빛을
얻으리라.

13절 바리새인들이 이르되 네가 너를
위하여 증언하니 네 증언은 참되지 아

속뜻단어
풀 이

• 정죄 定罪 | 정할 정, 허물 죄[condemn] : 죄가 있는 것으로 판정함.
• 생명 生命 | 살 생, 목숨 명 [life] ❶ 속뜻 살아가는[生] 데 꼭 필요한 목숨[命]. 생명의 은인 / 생명이 위태롭다. ❷ 사물이 존재할 수 있는 가장
  중요한 요건을 비유하여 이르는 말. 가수는 목소리가 생명이다.

니 하 도 다 .

14절　예 수 께 서　대 답 하 여　이 르 시 되　내

가　나 를　위 하 여　증 언 하 여 도　내　증 언 이

참 되 니　나 는　내 가　어 디 서　오 며　어 디 로

가 는　것 을　알 거 니 와　너 희 는　내 가　어 디

서　오 며　어 디 로　가 는　것 을　알 지　못 하

느 니 라 .

15절　너 희 는　육 체 를　따 라　판 단 하 나

나 는　아 무 도　판 단 하 지　아 니 하 노 라 .

16절　만 일　내 가　판 단 하 여 도　내　판 단

속뜻단어
풀 이

• **육체 肉體** | 몸 육, 몸 체 [flesh; body] : 구체적인 물질인 사람의 몸[肉=體]. 건전한 육체에 건전한 정신이 깃든다. (비)육신(肉身). (반)영혼(靈魂), 정신(精神).

• **판단 判斷** | 판가름할 판, 끊을 단 [judge; decide; conclude] : 판가름하여[判] 단정(斷定)함. 정확한 판단을 내리다 / 너무 성급하게 판단하지 마라.

이 참되니 이는 내가 혼자 있는 것이

아니요 나를 보내신 이가 나와 함께

계심이라.

　17절 너희 율법에도 두 사람의 증언

이 참되다 기록되었으니

　18절 내가 나를 위하여 증언하는 자

가 되고 나를 보내신 아버지도 나를

위하여 증언하시느니라.

　19절 이에 그들이 묻되 네 아버지가

어디 있느냐? 예수께서 대답하시되 너

속뜻단어
풀   이

• 율법 律法 | 법칙 률, 법 법 [law; rule] ❶ 속뜻 규범 [律]과 법 [法]. ❷ 기독교 하나님이 인간에게 지키도록 내린 규범을 이르는 말.
• 기록 記錄 | 적을 기, 베낄 록 [record] ❶ 속뜻 적어두고 [記] 베껴둠 [錄]. ❷ 주로 후일에 남길 목적으로 어떤 사실을 적음. 또는 그런 글. ❸ 운
동 경기 따위에서 세운 성적이나 결과를 수치로 나타낸 것. 그는 세계 최고 기록을 경신했다.

희는 나를 알지 못하고 내 아버지도
알지 못하는도다. 나를 알았더라면 내
아버지도 알았으리라.

20절 이 말씀은 성전에서 가르치실
때에 헌금함 앞에서 하셨으나 잡는 사
람이 없으니 이는 그의 때가 아직 이
르지 아니하였음이러라.

21절 다시 이르시되 내가 가리니 너
희가 나를 찾다가 너희 죄 가운데서
죽겠고 내가 가는 곳에는 너희가 오지

속뜻단어
풀이
• 성:전 聖殿 | 거룩할 성, 대궐 전 [sacred hall] ❶ 속뜻 신성(神聖)한 전당(殿堂). ❷ 가톨릭 가톨릭의 성당. ❸ 기독교 개신교의 예배당.
• 헌:금 獻金 | 바칠 헌, 돈 금 [donate] : 돈[金]을 바침[獻]. 또는 그 돈. 헌금을 내다.

못하리라.

　22절 유대인들이 이르되 그가 말하기
를 내가 가는 곳에는 너희가 오지 못
하리라 하니 그가 자결하려는가?

　23절 예수께서 이르시되 너희는 아래
에서 났고 나는 위에서 났으며 너희는
이 세상에 속하였고 나는 이 세상에
속하지 아니하였느니라.

　24절 그러므로 내가 너희에게 말하기
를 너희가 너희 죄 가운데서 죽으리라

속뜻단어 풀이

• **자결 自決** | 스스로 자, 결정할 결 [suicide; kill oneself] ❶ **속뜻** 일을 스스로[自] 해결(解決)함. 민족 자결주의. ❷ 스스로 목숨을 끊음. 그녀는 누명을 쓴 억울함으로 자결하였다. (비)자살(自殺).

• **세: 상 世上** | 세간 세, 위 상 [world; society] ❶ **속뜻** 사람들[世]이 살고 있는 지구 위[上]. ❷ 인간이 활동하거나 생활하고 있는 사회. 그는 세상이 어떻게 돌아가는지 모른다. ❸ 제 마음대로 판을 치며 자유롭게 활동할 수 있는 무대. 여기는 완전히 내 세상이다.

하였노라.　　너희가　　만일　　내가　　그인 줄

믿지　아니하면　너희　죄　가운데서　죽으

리라.

　　25절　그들이　말하되　네가　누구냐?

예수께서　이르시되　나는　처음부터　너희

에게　말하여　온　자니라.

　　26절　내가　너희에게　대하여　말하고

판단할　것이　많으나　나를　보내신　이가

참되시매　내가　그에게　들은　그것을　세

상에　말하노라　하시되

**속뜻단어
풀　이**

• **죄: 罪** | 허물 죄 [crime; sin; offence] : 양심이나 도리에 벗어난 행위. 다시는 죄를 짓지 않겠다고 다짐했다 / 억울하게 남의 죄를 뒤집어썼다.
• **처음 (初, 처음 초)** | [beginning; start; first] : 일의 시초. 차례로 맨 첫 번. 시간적으로나 순서상으로 맨 앞. 한국에 온 것은 이번이 처음이다 / 처음 뵙겠습니다. (반)끝, 마지막

27절 그들은 아버지를 가리켜 말씀하
신 줄을 깨닫지 못하더라.

28절 이에 예수께서 이르시되 너희가
인자를 든 후에 내가 그 인 줄을 알고
또 내가 스스로 아무 것도 하지 아니
하고 오직 아버지께서 가르치신 대로
이런 것을 말하는 줄도 알리라.

29절 나를 보내신 이가 나와 함께
하시도다. 나는 항상 그가 기뻐하시는
일을 행하므로 나를 혼자 두지 아니하

속뜻단어
풀   이

• 인자 人子 | 사람 인, 아들 자 [son of man] ❶ 속뜻 사람[人]의 아들[子]. 인자로서 도리를 다하다. ❷ 기독교 예수 자신을 이르는 말. 구세주의
초월성과 동시에 그 인간성을 강조한 이름이다.

셨느니라.

　30절 이 말씀을 하시매 많은 사람이

믿더라.

　31절 그러므로 예수께서 자기를 믿은

유대인들에게 이르시되 너희가 내 말에

거하면 참으로 내 제자가 되고

　32절 진리를 알지니 진리가 너희를

자유롭게 하리라.

　33절 그들이 대답하되 우리가 아브라

함의 자손이라. 남의 종이 된 적이

• **제:자 弟子** | 아우 제, 아이 자 [disciple; follower] ❶ **속뜻** 아우[弟]나 자식[子] 같은 사람. ❷ 스승의 가르침을 받거나 받은 사람. 스승의 날이면 제자들이 찾아온다. (반)스승.
• **진리 眞理** | 참 진, 이치 리 [truth; fact] : 참된[眞] 이치(理致). 또는 참된 도리. 그 진리를 깨닫는 데 오랜 시간이 걸렸다.

없거늘 어찌하여 우리가 자유롭게 되리

라 하느냐?

34절 예수께서 대답하시되 진실로 진

실로 너희에게 이르노니 죄를 범하는

자마다 죄의 종이라.

35절 종은 영원히 집에 거하지 못하

되 아들은 영원히 거하나니

36절 그러므로 아들이 너희를 자유롭

게 하면 너희가 참으로 자유로우리라.

37절 나도 너희가 아브라함의 자손인

속뜻단어
풀 이
• **종:** (奴, 종 노) | [servant] : 남의 집에서 대대로 천한 일을 하던 사람. 종 부리듯이 일을 시키다. (비)노비(奴婢).
• **영:원 永遠** | 길 영, 멀 원 [eternal; everlasting] : 어떤 상태가 끝없이 길게[永] 멀리[遠] 이어짐. 또는 시간을 초월하여 변하지 아니함. 영원한 사
랑 / 나는 그와 영원히 함께 할 것이다.

줄 　 아 노 라 . 　 그 러 나 　 내 　 말 이 　 너 희 　 안

에 　 있 을 　 곳 이 　 없 으 므 로 　 나 를 　 죽 이 려

하 는 도 다 .

　 38 절 　 나 는 　 내 　 아 버 지 에 게 서 　 본 　 것 을

말 하 고 　 너 희 는 　 너 희 　 아 비 에 게 서 　 들 은

것 을 　 행 하 느 니 라 .

　 39 절 　 대 답 하 여 　 이 르 되 　 우 리 　 아 버 지 는

아 브 라 함 이 라 　 하 니 　 예 수 께 서 　 이 르 시 되

너 희 가 　 아 브 라 함 의 　 자 손 이 면 　 아 브 라 함 이

행 한 　 일 들 을 　 할 　 것 이 거 늘

- **아비** | [father] ❶ '아버지'의 낮춤말. ❷ 자식이 있는 아들을 그의 부모가 부르거나 이르는 말. 아비야, 이리 좀 건너오너라. (비)아범. (반)어미.
- **자손 子孫** | 아이 자, 손자 손 [offspring] ❶ 속뜻 자식[子]과 손자(孫子). 그의 자손들은 전국에 흩어져 살고 있다. ❷ 후손이나 후대. 비록 패망한 왕가의 자손이지만, 자존심은 아직 남아 있소.

40절 지금 하나님께 들은 진리를 너
희에게 말한 사람인 나를 죽이려 하는
도다. 아브라함은 이렇게 하지 아니하
였느니라.

41절 너희는 너희 아비가 행한 일들
을 하는도다. 대답하되 우리가 음란한
데서 나지 아니하였고 아버지는 한 분
뿐이시니 곧 하나님이시로다.

42절 예수께서 이르시되 하나님이 너
희 아버지였으면 너희가 나를 사랑하였

- **음란 淫亂 | 지나칠 음, 어지러울 란 [lewd; lascivious] ❶ 속뜻** 지나치게 [淫] 문란(紊亂)함. ❷ 음탕하고 난잡함. 음란 사이트 / 음란한 행위.
- **사랑 (愛, 사랑 애) | [love] ❶** 이성의 상대에게 끌려 열렬히 좋아하는 마음. 또는 그 마음의 상태. 사랑에 빠지다 / 그녀는 남편을 사랑한다. ❷ 아끼고 위하는 따뜻한 마음. 부모님의 사랑 / 제자를 사랑하는 스승의 마음. ❸ 어떤 사물이나 대상을 몹시 아끼고 귀중히 여기는 마음. 그녀는 그림에 각별한 사랑을 가지고 있다 / 자연을 사랑하는 사람들의 모임. (비)애정(愛情). (반)미움, 증오(憎惡).

으리니 이는 내가 하나님께로부터 나와
서 왔음이라. 나는 스스로 온 것이
아니요 아버지께서 나를 보내신 것이니
라.

43절 어찌하여 내 말을 깨닫지 못하
느냐? 이는 내 말을 들을 줄 알지
못함이로다.

44절 너희는 너희 아비 마귀에게서
났으니 너희 아비의 욕심대로 너희도
행하고자 하느니라. 그는 처음부터 살

속뜻단어
풀이

• 마귀 魔鬼 | 마귀 마, 귀신 귀 [evil spirit; devil; demon] : 요사스럽고 못된 귀신 [魔=鬼]. (비)악마(惡魔).
• 욕심 欲心 | =慾心 하고자할 욕, 마음 심 [greed] : 무엇을 하고자 하는[欲] 마음[心]. 지나친 욕심은 버려라. (비)욕망(慾望).

인한 자요 진리가 그 속에 없으므로

진리에 서지 못하고 거짓을 말할 때마

다 제 것으로 말하나니 이는 그가 거

짓말쟁이요 거짓의 아비가 되었음이라.

45절 내가 진리를 말하므로 너희가

나를 믿지 아니하는도다.

46절 너희 중에 누가 나를 죄로 책

잡겠느냐? 내가 진리를 말하는데도 어

찌하여 나를 믿지 아니하느냐?

47절 하나님께 속한 자는 하나님의

속뜻단어
풀이

• 책잡다 責잡다 | 꾸짖을 책 [find fault with; blame (a person)] : 남의 잘못을 들어 나무라다.
• 속-하다 (屬—, 엮을 속) | [belong to; be affiliated with the party] : 무엇에 관계되어[屬] 딸리다. 고래는 포유류에 속한다.

말씀을 들나니 너희가 듣지 아니함은

하나님께 속하지 아니하였음이로다.

　48절 유대인들이 대답하여 이르되 우

리가 너를 사마리아 사람이라. 또는

귀신이 들렸다 하는 말이 옳지 아니하

나?

　49절 예수께서 대답하시되 나는 귀신

들린 것이 아니라 오직 내 아버지를

공경함이거늘 너희가 나를 무시하는도다.

　50절 나는 내 영광을 구하지 아니하

속뜻단어
풀이

- **공경 恭敬** | 공손할 공, 존경할 경 [respect] : 공손(恭遜)한 마음가짐으로 남을 존경(尊敬)함. (반)구박(驅迫).
- **무시 無視** | 없을 무, 볼 시 [disregard; neglect] ❶ 속뜻 보아[視] 주지 아니함[無]. ❷ 사물의 존재 의의나 가치를 알아주지 아니함. 무시하지 못하다 / 신호를 무시하고 달리다. ❸ 사람을 업신여김. 그에게 무시를 당하다 / 동생이 나를 무시했다.

나 구하고 판단하시는 이가 계시니라.

51절 진실로 진실로 너희에게 이르노

니 사람이 내 말을 지키면 영원히 죽

음을 보지 아니하리라.

52절 유대인들이 이르되 지금 네가

귀신 들린 줄을 아노라. 아브라함과

선지자들도 죽었거늘 네 말은 사람이

내 말을 지키면 영원히 죽음을 맛보지

아니하리라 하니

53절 너는 이미 죽은 우리 조상 아

속뜻단어
풀이
- **판단 判斷** | 판가름할 판, 끊을 단 [judge; decide; conclude] : 판가름하여 [判] 단정(斷定)함. 정확한 판단을 내리다 / 너무 성급하게 판단하지 마라.
- **귀:신 鬼神** | 귀신 귀, 귀신 신 [ghost] ❶ 속뜻 인신(人神)인 '鬼'와 천신(天神)인 '神'을 아울러 이르는 말. ❷ 사람에게 화(禍)와 복(福)을 내려 준다는 신령(神靈). ❸ 어떤 일에 남보다 뛰어난 재주가 있는 사람을 비유하여 이르는 말. 귀신같은 솜씨. 속담 말 안 하면 귀신도 모른다.

브라함보다 크냐? 또 선지자들도 죽었

거늘 너는 너를 누구라 하느냐?

54절 예수께서 대답하시되 내가 내게

영광을 돌리면 내 영광이 아무 것도

아니거니와 내게 영광을 돌리시는 이는

내 아버지시니 곧 너희가 너희 하나님

이라 칭하는 그이시라.

55절 너희는 그를 알지 못하되 나는

아노니 만일 내가 알지 못한다 하면

나도 너희 같이 거짓말쟁이가 되리라.

속뜻단어
풀이

• 칭-하다(稱—, 일컬을 칭) | [call] : 무엇이라고 일컫다[稱]. 그는 스스로를 위대한 야심가라고 칭한다.

나는 그를 알고 또 그의 말씀을 지키
노라.

56절 너희 조상 아브라함은 나의 때
볼 것을 즐거워하다가 보고 기뻐하였느
니라.

57절 유대인들이 이르되 네가 아직
오십 세도 못되었는데 아브라함을 보았
느냐?

58절 예수께서 이르시되 진실로 진실
로 너희에게 이르노니 아브라함이 나기

속뜻단어
풀 이

• **때** | [time; hour] ❶ 시간의 어떤 순간이나 부분. 아무 때나 좋다 / 때를 알리다. ❷ 일정한 시기 동안. 나는 방학 때 봉사 활동을 했다.
• **진실 眞實** | 참 진, 실제 실 [truthful; honest; frank] : 참된[眞] 사실(事實). 진실 혹은 거짓 / 사람들을 진실하게 대하다 / 나는 진실로 너를 사랑한
다. (비)참. (반)거짓, 허위(虛僞).

전부터 내가 있느니라 하시니

59절 그들이 돌을 들어 치려 하거늘

예수께서 숨어 성전에서 나가시니라.

속뜻단어
풀 이

• 성:전 聖殿 | 거룩할 성, 대궐 전 [sacred hall] ❶ 속뜻 신성(神聖)한 전당(殿堂). ❷ 가톨릭 가톨릭의 성당. ❸ 기독교 개신교의 예배당.

1. 성적인 범죄 행위를 하다가 현장에서 붙잡힌 여인에게 "세상의 빛"으로 오신 예수님이 하신 말씀의 깊은 뜻을 곰곰이 생각해보세요. (11절)

   답 : "나도 너를 (   ) (   ) 하지 아니하노니, 가서 다시는 (   )를 짖지 말라."

2. 죄인이 하나님의 심판을 받고 영원히 죽는 것은 그가 죄를 지었기 때문일까요?
   아니면, 죄인을 위해 오신 예수님을 믿지 않았기 때문인가요? 생각해보세요.

   답 : "그러므로 내가 너희에게 말하기를, 너희가 너희 (   ) 가운데서 죽으리라 하였노라. 너희가 만일 내가 그인 줄 (   ) (   ) 아니하면 너희 아니하면, 너희 죄 가운데서 죽으리라." (24절)

3. 예수님은 단순히 석가모니 또는 공자 같은 '성자'일 수는 없을 것입니다. 그분은 정말 '하나님'이든지, 아니면 '거짓말장이'라고 여기는 것이 맞습니다. 왜냐하면, 예수님은 "아브라함이 나기 전부터 (   ) (   ) 있느니라"라고 말씀하셨기 때문입니다(58절).

요한복음 이해문제

제 9 장

1절 예수께서 길을 가실 때에 날

때부터 맹인 된 사람을 보신지라.

2절 제자들이 물어 이르되 랍비여,

이 사람이 맹인으로 난 것이 누구의

죄로 인함이니이까 자기니이까 그의 부

모니이까?

3절 예수께서 대답하시되 이 사람이

나 그 부모의 죄로 인한 것이 아니라

그에게서 하나님이 하시는 일을 나타내

속뜻단어
풀이
• 맹인 盲人 | 눈멀 맹, 사람 인 [blind] : 눈이 먼[盲] 사람[人]. 맹인을 위한 점자책을 만들다. (비)봉사, 소경, 장님, 맹자(盲者).
• 랍비 | [Rabbi] : 이스라엘에서 율법사 혹은 학식 많은 교사를 높여 부르는 말.

고자 하심이라.

　4절 때가 아직 낮이매 나를 보내신

이의 일을 우리가 하여야 하리라. 밤

이 오리니 그 때는 아무도 일할 수

없느니라.

　5절 내가 세상에 있는 동안에는 세

상의 빛이로라.

　6절 이 말씀을 하시고 땅에 침을

뱉어 진흙을 이겨 그의 눈에 바르시고

　7절 이르시되 실로암 못에 가서 씻

• 실로암 | [Siloam] : '보냄을 받은 자'라는 뜻으로 예루살렘 성 안에 있는 연못이다. 성 안의 주요한 수원이었던 실로암의 물은 백성들을 돌보는
　하나님의 손길과도 같은 것이었다.

• 못 (池, 못 지; 澤, 못 택; 潭, 못 담, 塘, 못 당) | [pond; pool] : 천연으로나 인공으로 넓고 깊게 팬 땅에 늘 물이 괴어 있는 곳. (비)연못, 지당(池
　塘), 수택(水澤).

으 라   하 시 니   (실 로 암 은   번 역 하 면   보 냄

을   받 았 다 는   뜻 이 라 .)   이 에   가 서   씻

고   밝 은   눈 으 로   왔 더 라 .

8 절   이 웃   사 람 들 과   전 에   그 가   걸 인

인   것 을   보 았 던   사 람 들 이   이 르 되   이 는

앉 아 서   구 걸 하 던   자 가   아 니 냐 ?

9 절   어 떤   사 람 은   그   사 람 이 라   하 며

어 떤   사 람 은   아 니 라   그 와   비 슷 하 다   하

거 늘   자 기   말 은   내 가   그 라   하 니

10 절   그 들 이   묻 되   그 러 면   네   눈 이

속뜻단어
풀   이

• **걸인 乞人** | 빌 걸, 사람 인 [beggar; mendicant] : 빌어[乞] 먹는 사람[人]. 걸인에게 빵을 주다. (비)거지.
• **구걸 求乞** | 구할 구, 빌 걸 [beg] : 거저 달라고[求] 빎[乞]. 구걸하여 목숨을 이었다. (비)동냥.

어떻게 떠졌느냐?

11절 대답하되 예수라 하는 그 사람

이 진흙을 이겨 내 눈에 바르고 나더

러 실로암에 가서 씻으라 하기에 가서

씻었더니 보게 되었노라.

12절 그들이 이르되 그가 어디 있느

냐 이르되 알지 못하노라 하니라.

13절 그들이 전에 맹인이었던 사람을

데리고 바리새인들에게 갔더라.

14절 예수께서 진흙을 이겨 눈을 뜨

 • 진-흙 | [clay; mud] ❶ 빛깔이 붉고 차진 흙. 얼굴에 진흙을 바르면 좋다고 한다. ❷ 질척질척하게 짓이겨진 흙. 진흙에 빠져 옷이 더러워졌다.

|게| |하|신| |날|은| |안|식|일|이|라|.| | | | | |
|떻|게| |보|게| |되|었|는|지|를| |물|으|니| |이|르|되|
|그| |사|람|이| |진|흙|을| |내| |눈|에| |바|르|매| |내|
|가| |씻|고| |보|나|이|다| |하|니| | | | | | |

| |15|절| |그|러|므|로| |바|리|새|인|들|도| |그|가| |어|

	16	절		바	리	새	인		중	에		어	떤		사	람	은		말
하	되		이		사	람	이		안	식	일	을		지	키	지		아	니
하	니		하	나	님	께	로	부	터		온		자	가		아	니	라
하	며		어	떤		사	람	은		말	하	되		죄	인	으	로	서
어	떻	게		이	러	한		표	적	을		행	하	겠	느	냐		하	여

**속뜻단어
풀   이**

• **안식-일 安息日** | 편안할 안, 쉴 식날 일 [the Sabbath] **기독교** 일을 쉬고[安息] 예배 의식을 행하는 날[日]. 곧 일요일을 이른다. 예수가 일요일 아침에 부활했다는 데서 유래한다.

• **죄:인 罪人** | 허물 죄, 사람 인 [criminal] : 죄(罪)를 지은 사람[人]. 죄인들을 풀어주기로 결정하다.

그들   중에   분쟁이   있었더니

　17절   이에   맹인되었던   자에게   다시

문되   그   사람이   네   눈을   뜨게   하였으

니   너는   그를   어떠한   사람이라   하느냐?

대답하되   선지자니이다   하니

　18절   유대인들이   그가   맹인으로   있다

가   보게   된   것을   믿지   아니하고   그

부모를   불러   문되

　19절   이는   너희   말에   맹인으로   났다

하는   너희   아들이냐?   그러면   지금은

속뜻단어
풀   이
• **분쟁 紛爭** | 어지러울 분, 다툴 쟁 [have trouble; have a dispute] : 어지럽게[紛] 얽힌 문제로 서로 다툼[爭]. 또는 그런 일. 어업분쟁 / 영유권 분쟁.
• **부모 父母** | 아버지 부, 어머니 모 [parents] : 아버지[父]와 어머니[母]. 수술을 하기 전에 부모의 동의가 필요하다. (비)어버이, 양친(兩親).

어떻게 해서 보느냐?

20절 그 부모가 대답하여 이르되 이 사람이 우리 아들인 것과 맹인으로 난 것을 아나이다.

21절 그러나 지금 어떻게 해서 보는지 또는 누가 그 눈을 뜨게 하였는지 우리는 알지 못하나이다. 그에게 물어보소서! 그가 장성하였으니 자기 일을 말하리이다.

22절 그 부모가 이렇게 말한 것은

속뜻단어
풀이

• 장성 長成 | 자랄 장, 이룰 성 [grow up] : 아이가 자라[長] 어른이 됨[成]. 장성한 아들.

이미 유대인들이 누구든지 예수를 그리
스도로 시인하는 자는 출교하기로 결의
하였으므로 그들을 무서워함이러라.
23절 이러므로 그 부모가 말하기를
그가 장성하였으니 그에게 물어 보소서
하였더라.
24절 이에 그들이 맹인이었던 사람을
두 번째 불러 이르되 너는 하나님께
영광을 돌리라. 우리는 이 사람이 죄
인인 줄 아노라.

속뜻단어 풀이
- **시:인 是認** | 옳을 시, 알 인 [approve of; acknowledge] : 옳다고[是] 인정(認定)함. 민지는 자기 잘못을 시인했다. (반)부인(否認).
- **출교 黜敎** | 내쫓을 출, 종교 교 [excommunication] 기독교 잘못을 저지른 교인을 교적(敎籍)에서 삭제하여 내쫓음[黜].
- **결의 決意** | 결정할 결, 뜻 의 [resolve] : 뜻[意]을 굳게 정함[決]. 필승의 결의를 다지다. (비)결심(決心).

	25절	대답하되		그가	죄인인지	내가
알지	못하나	한	가지	아는	것은	내가
맹인으로	있다가	지금	보는	그것이니이
다.						
	26절	그들이	이르되	그	사람이	네게
무엇을	하였느냐?		어떻게	네	눈을	뜨
게	하였느냐?					
	27절	대답하되		내가	이미	일렀어도
듣지	아니하고	어찌하여	다시	듣고자
하나이까?		당신들도	그의	제자가	되려

• **대답 對答** | 대할 대, 답할 답 [answer; reply] ❶ 속뜻 묻는 말에 대(對)하여 답(答)함. 선생님의 질문에 대답했다. ❷ 어떤 문제를 푸는 실마리. 또는 그 해답. 잘 생각해보면 대답을 찾을 수 있다. (비)응답(應答), 답변(答辯), 해답(解答). (반)질문(質問).

• **이르다 (謂, 이를 위)** | [tell; say; rat on] ❶ 무엇이라고 말하다. 아이들에게 주의하라고 일렀다. ❷ 고자질하다. 엄마한테 거짓말했다고 이를 거야. ❸ 알아듣거나 깨닫게 말하다. 잘 알아듣도록 이르다. [관용] 이를 데 없다.

하나이까?

28절 그들이 욕하여 이르되 너는 그의 제자이나 우리는 모세의 제자라.

29절 하나님이 모세에게는 말씀하신 줄을 우리가 알거니와 이 사람은 어디서 왔는지 알지 못하노라.

30절 그 사람이 대답하여 이르되 이상하다. 이 사람이 내 눈을 뜨게 하였으되 당신들은 그가 어디서 왔는지 알지 못하는도다.

속뜻단어
풀이

• **욕 辱** | 욕될 욕 [abusive language] : 남의 인격을 무시하는 모욕적인 말. 또는 남을 저주하는 말. 그녀는 말끝마다 욕이다 / 뒤에서 욕하지 마라. (비) 욕설(辱說).

• **이: 상 異常** | 다를 이, 보통 상 [strange; abnormal] : 보통[常]과 다른[異]. 이상 고온 현상 / 음식 맛이 좀 이상하다 / 아이가 이상스러운 행동을 하면 반드시 병원에 가야 한다.

31절 하나님이 죄인의 말을 듣지 아
니하시고 경건하여 그의 뜻대로 행하는
자의 말은 들으시는 줄을 우리가 아나
이다.

32절 창세 이후로 맹인으로 난 자의
눈을 뜨게 하였다 함을 듣지 못하였으
니

33절 이 사람이 하나님께로부터 오지
아니하였으면 아무 일도 할 수 없으리
이다.

속뜻단어
풀 이

• **경:건 敬虔** | 공경할 경, 정성 건 [devout; pious] : 공경(恭敬)하는 마음으로 삼가며[虔] 조심성이 있다. 경건한 마음으로 기도를 드리다.
• **창:세 創世** | 처음 창, 세상 세 [creation of the world] : 맨 처음[創] 세상(世上).

34절 그들이 대답하여 이르되 네가
온전히 죄 가운데서 나서 우리를 가르
치느냐 하고 이에 쫓아내어 보내니라.
35절 예수께서 그들이 그 사람을 쫓
아냈다 하는 말을 들으셨더니 그를 만
나사 이르시되 네가 인자를 믿느냐?
36절 대답하여 이르되 주여, 그가
누구시오니이까? 내가 믿고자 하나이다.
37절 예수께서 이르시되 네가 그를
보았거니와 지금 너와 말하는 자가 그

속뜻단어
풀이

• 인자 人子 | 사람 인, 아들 자 [son of man] ❶ 속뜻 사람[人]의 아들[子]. 인자로서 도리를 다하다. ❷ 기독교 예수 자신을 이르는 말. 구세주의 초월성과 동시에 그 인간성을 강조한 이름이다.

이니라.

38절 이르되 주여, 내가 믿나이다

하고 절하는지라.

39절 예수께서 이르시되 내가 심판하

리 이 세상에 왔으니 보지 못하는 자

들은 보게 하고 보는 자들은 맹인이

되게 하려 함이라 하시니

40절 바리새인 중에 예수와 함께 있

던 자들이 이 말씀을 듣고 이르되 우

리도 맹인인가?

속뜻단어풀이
- **심:판 審判** | 살필 심, 판가름할 판 [judge] ❶ **속뜻** 문제가 되는 안건을 심의(審議)하여 판결(判決)을 내리는 일. 법의 심판을 받다 / 공정하게 심판하다. ❷ **운동** 운동 경기에서 규칙의 적부 여부나 승부를 판정함. 또는 그런 일이나 사람. 축구 심판.
- **맹인 盲人** | 눈멀 맹, 사람 인 [blind] : 눈이 먼[盲] 사람[人]. 맹인을 위한 점자책을 만들다. (비)봉사, 소경, 장님, 맹자(盲者).

41절 예수께서 이르시되 너희가 맹인

이 되었더라면 죄가 없으려니와 본다고

하니 너희 죄가 그대로 있느니라.

속뜻단어
풀   이

• **죄**: 罪 | 허물 죄 [crime; sin; offence] : 양심이나 도리에 벗어난 행위. 다시는 죄를 짓지 않겠다고 다짐했다 / 억울하게 남의 죄를 뒤집어썼다.

1. "세상의 빛"으로 우리에게 오신 예수님은 자신이 "독생하신 하나님"이라는 사실을

볼 수 있도록 하기 위하여 어떤 일을 하셨나요? (7절)

답 :

2. 빈 칸에 들어갈 말을 완성해보세요.

(39절) 예수께서 이르시되, "내가 (   )(   )하러 이 세상에 왔으니, 보지 못하는

자들은 (   )(   ) 하고 보는 자들은 (   )(   )이 되게 하

려 함이라" 하시니

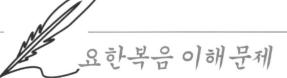

요한복음 이해문제

제 10장

1절 내가 진실로 진실로 너희에게 이르노니 문을 통하여 양의 우리에 들어가지 아니하고 다른 데로 넘어가는 자는 절도며 강도요

2절 문으로 들어가는 이는 양의 목자라.

3절 문지기는 그를 위하여 문을 열고 양은 그의 음성을 들나니 그가 자기 양의 이름을 각각 불러 인도하여

요한
복음
10장

**속뜻단어
풀이**

- **절도 竊盜** | 훔칠 절, 훔칠 도 [theft; pilferage; larceny] : 남의 재물을 몰래 훔침[竊=盜]. 차량절도사건이 해마다 늘어나고 있다. (비)도둑질.
- **강:도 强盜** | 억지 강, 훔칠 도 [robber] : 폭행이나 협박을 하여 억지로[强] 남의 금품을 빼앗는[盜] 일. 또는 그러한 도둑. 강도가 금고를 털었다.
- **문-지기 (門—, 문 문)** | [gatekeeper; gateman] : 문(門)을 지키는 사람.

내느니라.

　4절　자기　양을　다　내놓은　후에　앞
서　가면　양들이　그의　음성을　아는　고
로　따라오되

　5절　타인의　음성은　알지　못하는　고
로　타인을　따르지　아니하고　도리어　도
망하느니라.

　6절　예수께서　이　비유로　그들에게
말씀하셨으나　그들은　그가　하신　말씀이
무엇인지　알지　못하니라.

속뜻단어 풀이

• **타인 他人** | 다를 타, 사람 인 [other people] : 다른[他] 사람[人]. 남. 타인에 대한 배려가 중요하다. (반)본인(本人), 자신(自身).

• **비:유 比喩** | 견줄 비, 고할 유 [liken to; compare to] : 어떤 사물의 모양이나 상태 등을 보다 효과적으로 표현하기 위하여 그것과 비슷한 다른 사물에 빗대어[比] 표현함[喩]. 양은 착한 사람에 대한 비유로 쓰인다.

7절 그러므로 예수께서 다시 이르시되 내가 진실로 진실로 너희에게 말하노니 나는 양의 문이라.

8절 나보다 먼저 온 자는 다 절도요 강도니 양들이 듣지 아니하였느니라.

9절 내가 문이니 누구든지 나로 말미암아 들어가면 구원을 받고 또는 들어가며 나오며 꼴을 얻으리라.

10절 도둑이 오는 것은 도둑질하고 죽이고 멸망시키려는 것뿐이요 내가 온

• 구:원 救援 | 건질 구, 당길 원 [rescue; relieve] ❶ 속뜻 물에 빠진 사람을 건져주기[救] 위해 잡아당김[援]. ❷ 기독교 인류를 죽음과 고통과 죄악에서 건져내는 일. (비)구제(救濟).

• 꼴 | [fodder; forage] : 마소에게 먹이는 풀. (비)목초(牧草).

것은 양으로 생명을 얻게 하고 더 풍

성히 얻게 하려는 것이라.

11절 나는 선한 목자라 선한 목자는

양들을 위하여 목숨을 버리거니와

12절 삯꾼은 목자가 아니요 양도 제

양이 아니라. 이리가 오는 것을 보면

양을 버리고 달아나나니 이리가 양을

물어 가고 또 헤치느니라.

13절 달아나는 것은 그가 삯꾼인 까

닭에 양을 돌보지 아니함이나

 속뜻단어
풀 이

- **삯꾼** | [jobber; wage earner; hired man] : 삯(일한 데 대한 보수로 주는 돈이나 물건)을 받고 임시로 일하는 일꾼.
- **풍성** 豐盛 | 넉넉할 풍, 가득할 성 [be abundant; plentiful] ❶ 속뜻 넉넉하고[豐] 가득함[盛]. ❷ 넉넉하고 많음. 풍성하게 맺은 열매.

14절 나는 선한 목자라 나는 내 양
을 알고 양도 나를 아는 것이
15절 아버지께서 나를 아시고 내가
아버지를 아는 것 같으니 나는 양을
위하여 목숨을 버리노라.
16절 또 이 우리에 들지 아니한 다
른 양들이 내게 있어 내가 인도하여야
할 터이니 그들도 내 음성을 듣고 한
무리가 되어 한 목자에게 있으리라.
17절 내가 내 목숨을 버리는 것은

속뜻단어
풀 이

• 목자 牧者 | 칠 목, 사람 자 [shepherd] : 양을 치는[牧] 사람[者]. (비)양치기.
• 음성 音聲 | 소리 음, 소리 성 [voice; tone] ❶ 속뜻 사람이 내는 소리[音]와 악기가 내는 소리[聲]. ❷ 언어 발음기관에서 생기는 음향. 음성변
조 / 음성 메시지. (비)목소리.

그것을　내가　다시　얻기　위함이니　이로
말미암아　아버지께서　나를　사랑하시느니
라.
　　18절　이를　내게서　빼앗는　자가　있는
것이　아니라　내가　스스로　버리노라.
나는　버릴　권세도　있고　다시　얻을　권
세도　있으니　이　계명은　내　아버지에게
서　받았노라　하시니라.
　　19절　이　말씀으로　말미암아　유대인
중에　다시　분쟁이　일어나니

속뜻단어
풀　이
• **권세 權勢** | 권력 권, 세력 세 [power; influence] : 권력(權力)과 세력(勢力)을 아울러 이르는 말. 권세를 부리다.
• **분쟁 紛爭** | 어지러울 분, 다툴 쟁 [have trouble; have a dispute] : 어지럽게[紛] 얽힌 문제로 서로 다툼[爭]. 또는 그런 일. 어업분쟁 / 영유권 분쟁.

20절 그 중에 많은 사람이 말하되 그가 귀신 들려 미쳤거늘 어찌하여 그 말을 듣느냐 하며

21절 어떤 사람은 말하되 이 말은 귀신 들린 자의 말이 아니라 귀신이 맹인의 눈을 뜨게 할 수 있느냐 하더라.

22절 예루살렘에 수전절이 이르니 때는 겨울이라.

23절 예수께서 성전 안 솔로몬 행각

속뜻단어
풀이

• 수전절 修殿節 | 고칠 수, 큰집 전, 마디 절 [feast of dedication] : 더럽혀진 성전을 청결히 하고 수리한 것을 기념하는 명절.
• 행각 行閣 | 다닐 행, 집 각 [Colonnade] : 헤롯성전의 이방인 뜰 주위로 돌아가며 만들어진 지붕과 기둥만 있고 벽이 없는 주랑을 말함.

에서 거니시니

24절 유대인들이 에워싸고 이르되 당신이 언제까지나 우리 마음을 의혹하게 하려 하나이까? 그리스도이면 밝히 말씀하소서 하니

25절 예수께서 대답하시되 내가 너희에게 말하였으되 믿지 아니하는도다. 내가 내 아버지의 이름으로 행하는 일들이 나를 증거하는 것이거늘

26절 너희가 내 양이 아니므로 믿지

속뜻단어
풀이

• **에워-싸다** | [surround; crowd round] : 사방을 빙 둘러싸다. 많은 사람이 그를 에워쌌다.
• **의혹 疑惑** | 의심할 의, 홀릴 혹 [suspicion; doubt] : 의심(疑心)으로 정신이 홀려[惑] 더욱 수상히 여김. 또는 그런 마음. 그는 여전히 의혹에 찬 눈으로 나를 바라보았다.
• **증거 證據** | 증명할 증, 근거할 거 [evidence; proof] : 어떤 사실을 증명(證明)할 수 있는 근거(根據). 그가 돈을 훔쳤다는 증거는 없다.

아니하는도다.

　27절　내 양은 내 음성을 들으며 나는 그들을 알며 그들은 나를 따르느니라.

　28절　내가 그들에게 영생을 주노니 영원히 멸망하지 아니할 것이요 또 그들을 내 손에서 빼앗을 자가 없느니라.

　29절　그들을 주신 내 아버지는 만물보다 크시매 아무도 아버지 손에서 빼앗을 수 없느니라.

속뜻단어풀이
• 멸망 滅亡 | 없앨 멸, 망할 망 [fall; collapse] : 망(亡)하여 없어짐[滅]. 파괴된 환경은 인류를 멸망시킬 것이다.
• 만:물 萬物 | 일만 만, 만물 물 [all things; all creation] ❶ 속뜻 온갖[萬] 물건(物件). ❷ 우주에 존재하는 모든 것. 인간은 만물의 영장(靈長)이다. (비)만유(萬有).

30절 나와 아버지는 하나이니라 하신
대

31절 유대인들이 다시 돌을 들어 치
려 하거늘

32절 예수께서 대답하시되 내가 아버
지로 말미암아 여러 가지 선한 일로
너희에게 보였거늘 그 중에 어떤 일로
나를 돌로 치려 하느냐?

33절 유대인들이 대답하되 선한 일로
말미암아 우리가 너를 돌로 치려는 것

이 아니라 신성모독으로 인함이니 네가

사람이 되어 자칭 하나님이라 함이로라.

34절 예수께서 이르시되 너희 율법에

기록된 바 내가 너희를 신이라 하였노

라 하지 아니하였느냐?

35절 성경은 폐하지 못하나니 하나님

의 말씀을 받은 사람들을 신이라 하셨

거든

36절 하물며 아버지께서 거룩하게 하

사 세상에 보내신 자가 나는 하나님의

속뜻단어
풀 이

• **자칭 自稱** | 스스로 자, 일컬을 칭 [self professed] : 남에게 자기(自己)를 일컬음[稱]. 스스로 말함. 아까 자칭 가수라는 사람이 왔다 갔어요.
• **폐:−하다 (廢—, 없앨 폐)** | [abolish; do away with; repeal] : 있던 제도·법규·기관 등을 치워 없애다[廢]. 계약을 폐하다.
• **하물며** | [much more] : '더군다나'의 뜻을 가진 접속 부사. 앞의 사실과 비교하여 뒤의 사실에 더 강한 긍정을 나타낸다. 짐승도 제 새끼 귀한 줄 아는데 하물며 사람이야.

아들이라 하는 것으로 너희가 어찌 신성모독이라 하느냐?

37절 만일 내가 내 아버지의 일을 행하지 아니하거든 나를 믿지 말려니와

38절 내가 행하거든 나를 믿지 아니할지라도 그 일은 믿으라. 그리면 너희가 아버지께서 내 안에 계시고 내가 아버지 안에 있음을 깨달아 알리라 하시니

39절 그들이 다시 예수를 잡고자 하

속뜻단어
풀이

- **신성 神聖** | 귀신 신, 거룩할 성 [be holy] ❶ 속뜻 신(神)과 같이 거룩함[聖]. ❷ 매우 거룩하고 존귀함. 신성을 모독하다 / 결혼은 신성한 것이다.
- **모:독 冒瀆** | 시기할 모, 더러워질 독 [insult; blaspheme] : 남을 시기하고[冒] 더럽힘[瀆]. 모독 행위 / 인격을 모독하는 말은 하면 안 된다. (비)모욕(侮辱).

였으나 그 손에서 벗어나 나가시니라.

　40절 다시 요단 강 저편 요한이 처

음으로 세례 베풀던 곳에 가사 거기

거하시니

　41절 많은 사람이 왔다가 말하되 요

한은 아무 표적도 행하지 아니하였으나

요한이 이 사람을 가리켜 말한 것은

다 참이라 하더라.

　42절 그리하여 거기서 많은 사람이

예수를 믿으니라.

속뜻단어
풀 이

• 저-편 (一便, 쪽 편) | [that side; over there] : 무엇의 너머에 있는 쪽[便]. 강 저편
• 참 (眞, 참 진) | [truth; reality] : 사실이나 이치에 어긋남이 없음. 참을 추구하다. (비)진실(眞實). (반)거짓.

1. "나는 선한 목자라"고 말씀하신 예수님께서 정말로 우리를 위한 선한 목자시라는

   증거는 무엇인가요? (10-11절)

   답 :

2. 예수님은 자신을 구주로 믿은 사람들을 자기의 '양'이라고 말씀하는데,

   그 양들의 특징은 무엇일까요? 빈 칸을 채워보세요.

   답 : (27절) "내 양은 내 (   )(   )을 들으며, 나는 그들을 알며,

        그들은 나를 (   )(   )느니라.

요한복음 이해문제

제 11장

1절 어떤 병자가 있으니 이는 마리
아와 그 자매 마르다의 마을 베다니에
사는 나사로라.

2절 이 마리아는 향유를 주께 붓고
머리털로 주의 발을 닦던 자요 병든
나사로는 그의 오라버니더라.

3절 이에 그 누이들이 예수께 사람
을 보내어 이르되 주여, 보시옵소서.
사랑하시는 자가 병들었나이다 하니

속뜻단어
풀   이
• 향유 香油 | 향기 향, 기름 유 [perfumed hair-oil] ❶ 속뜻 향기(香氣)가 나는 화장용 물기름[油]. 몸이나 머리에 바른다. ❷ 참기름.
• 오라버니 | [woman's elder brother] : 여자와 같은 항렬인 손위 남자.

	4	절		예	수	께	서		들	으	시	고		이	르	시	되		이
	병	은		죽	을		병	이		아	니	라		하	나	님	의		영	광
	을		위	함	이	요		하	나	님	의		아	들	이		이	로		말
	미	암	아		영	광	을		받	게		하	려		함	이	라		하	시
	더	라	.																
	5	절		예	수	께	서		본	래		마	르	다	와		그		동
	생	과		나	사	로	를		사	랑	하	시	더	니					
	6	절		나	사	로	가		병	들	었	다		함	을		들	으	시
	고		그		계	시	던		곳	에		이	틀	을		더		유	하	시
	고																		

속뜻단어
풀 이

• **동생 同生** | 같을 동, 날 생 [younger brother(sister)] ❶ **속뜻** 같은[同] 어머니에게서 태어난[生] 아우와 손아랫 누이를 통틀어 일컫는 말. 내 동생은 곱슬머리다. ❷ 같은 항렬에서 자기보다 나이가 적은 사람. 사촌 동생. (비)아우. (반)형, 언니.
• **이틀** | [two days] : 두 날. 우리 이틀 뒤에 다시 만나자.

7절 그 후에 제자들에게 이르시되

유대로 다시 가자 하시니

8절 제자들이 말하되 랍비여, 방금

도 유대인들이 돌로 치려 하였는데 또

그리로 가시려 하나이까?

9절 예수께서 대답하시되 낮이 열두

시간이 아니냐? 사람이 낮에 다니면

이 세상의 빛을 보므로 실족하지 아니

하고

10절 밤에 다니면 빛이 그 사람 안

속뜻단어
풀이

• 랍비 | [Rabbi] : 이스라엘에서 율법사 혹은 학식 많은 교사를 높여 부르는 말.
• 실족 失足 | 잃을 실, 발 족 [lose(miss) one's footing] ❶ 속뜻 발[足]을 잘못 디딤[失]. ❷ 행동을 잘못함.

에		없는		고로		실	족	하	느	니	라	.			
	11	절		이		말	씀	을		하	신	후	에	또	이 르
시	되		우	리		친	구		나	사	로	가		잠	들 었 도 다 .
그	러	나		내	가		깨	우	러		가	노	라	.	
	12	절		제	자	들	이		이	르	되		주	여	, 잠 들 었
으	면		낫	겠	나	이	다		하	더	라	.			
	13	절		예	수	는		그	의		죽	음	을	가	리 켜 말
씀	하	신		것	이	나		그	들	은		잠	들	어	쉬 는 것
을		가	리	켜		말	씀	하	심	인		줄		생	각 하 는 지 라 .
	14	절		이	에		예	수	께	서		밝	히	이	르 시 되

**속뜻단어
풀이**
- 죽-음 | [death] : 죽는 일. 생물의 생명이 없어지는 현상을 이른다. 죽음을 무릅쓰다. (비)사망(死亡). (반) 삶
- 생각 (念, 생각 념; 思, 생각 사; 想, 생각 상) | [think; remember; imagine] : ❶ 사람이 머리를 써서 사물을 헤아리고 판단하는 작용. ❷ 어떤 일에 대한 의견이나 느낌을 가짐. 또는 그 의견이나 느낌. ❸ 어떤 사람이나 일 따위에 대한 기억. ❹ 앞으로 일어날 일에 대하여 상상해 봄. 또는 그 런 상상.

나사로가 죽었느니라.

　15절 내가 거기 있지 아니한 것을
너희를 위하여 기뻐하노니 이는 너희로
믿게 하려 함이라. 그러나 그에게로
가자 하시니

　16절 디두모라고도 하는 도마가 다른
제자들에게 말하되 우리도 주와 함께
죽으러 가자 하니라.

　17절 예수께서 와서 보시니 나사로가
무덤에 있은 지 이미 나흘이라.

속뜻단어
풀이
• 무덤 (墓, 무덤 묘; 墳, 무덤 분) | [grave; tomb] : 송장·유골을 땅에 묻어 놓은 곳. (비)묘(墓), 산소(山所), 묘지(墓地), 묘소(墓所).
• 나흘 | [four days] : 네 날. 사일. 대회는 나흘 동안 열렸다.

18절 베다니는 예루살렘에서 가깝기가

한 오 리쯤 되매

19절 많은 유대인이 마르다와 마리아

에게 그 오라비의 일로 위문하러 왔더

니

20절 마르다는 예수께서 오신다는 말

을 듣고 곧 나가 맞이하되 마리아는

집에 앉았더라.

21절 마르다가 예수께 여짜오되 주께

서 여기 계셨더라면 내 오라버니가 죽

속뜻단어
풀   이

• **오라비** | [woman's elder brother] : 여자와 같은 항렬인 손위 남자.
• **위문 慰問** | 달랠 위, 물을 문 [pay a visit of inquiry] : 위로(慰勞)하기 위하여 방문(訪問)함. 위문 공연 / 사장은 사고로 죽은 직원을 위문하기 위해
　빈소를 찾았다.

지　아니하였겠나이다.

　22절　그러나　나는　이제라도　주께서

무엇이든지　하나님께　구하시는　것을　하

나님이　주실　줄을　아나이다.

　23절　예수께서　이르시되　네　오라비가

다시　살아나리라.

　24절　마르다가　이르되　마지막　날　부

활　때에는　다시　살아날　줄을　내가　아

나이다.

　25절　예수께서　이르시되　나는　부활이

 **속뜻단어
풀이**

• **부: 활 復活** | 다시 부, 살 활 [revive; resurrect] ❶ 속뜻 죽었다가 다시[復] 살아남[活]. 예수의 부활. ❷ 없어졌던 것이 다시 생김. 교복 착용 제도
의 부활.

요 생명이니 나를 믿는 자는 죽어도

살겠고

26절 무릇 살아서 나를 믿는 자는

영원히 죽지 아니하리니 이것을 네가

믿느냐?

27절 이르되 주여, 그러하외다. 주

는 그리스도시요 세상에 오시는 하나님

의 아들이신 줄 내가 믿나이다.

28절 이 말을 하고 돌아가서 가만히

그 자매 마리아를 불러 말하되 선생님

속뜻단어풀이
- 무릇 (凡, 무릇 범) | [generally speaking] : 종합하여 살펴보건대. 대체로 보아. (비)대범(大凡), 대저(大抵).
- 자매 姉妹 | 손윗누이 자, 누이 매 [sisters] ❶ **속뜻** 누나나 언니[姉]와 여동생[妹]. ❷ 같은 계통에 속하거나 서로 비슷한 점을 많이 가진 둘 또는 그 이상의 것. 자매 학교 / 자매 회사. (비)여형제(女兄弟).

이 오서서 너를 부르신다 하니

　29절 마리아가 이 말을 듣고 급히

일어나 예수께 나아가매

　30절 예수는 아직 마을로 들어오지

아니하시고 마르다가 맞이했던 곳에 그

대로 계시더라.

　31절 마리아와 함께 집에 있어 위로

하던 유대인들은 그가 급히 일어나 나

가는 것을 보고 곡하러 무덤에 가는

줄로 생각하고 따라가더니

 속뜻단어 풀이

- **위로 慰勞** | 달랠 위, 수고로울 로 [console; comfort] : 수고로움[勞]이나 아픔을 달램[慰]. 어떻게 위로의 말씀을 드려야 할지 모르겠습니다 / 어머니는 기회가 또 있을 것이라며 나를 위로했다.
- **곡 哭** | 울 곡 [wail] : 장례를 지낼 때나 제를 지낼 때 소리 내어 욺. 또는 그 소리. 구슬프게 곡하는 소리.

32절 마리아가 예수 계신 곳에 가서

뵈옵고 그 발 앞에 엎드리어 이르되

주께서 여기 계셨더라면 내 오라버니가

죽지 아니하였겠나이다 하더라.

33절 예수께서 그가 우는 것과 또

함께 온 유대인들이 우는 것을 보시고

심령에 비통히 여기시고 불쌍히 여기사

34절 이르시되 그를 어디 두었느냐?

이르되 주여, 와서 보옵소서 하니

35절 예수께서 눈물을 흘리시더라.

속뜻단어
풀이

• **심령 心靈** | 마음 심, 심령 령 [spirit; soul] : 마음[心] 속의 영혼(靈魂). 정신의 근원이 되는 의식의 본바탕.
• **비:통 悲痛** | 슬플 비, 아플 통 [sad; grievous] : 몹시 슬프고[悲] 가슴이 아픔[痛]. 비통에 빠지다 / 비통한 부르짖음.

36절 이에 유대인들이 말하되 보라!

그를 얼마나 사랑하셨는가 하며

37절 그 중 어떤 이는 말하되 맹인

의 눈을 뜨게 한 이 사람이 그 사람

은 죽지 않게 할 수 없었더냐 하더라.

38절 이에 예수께서 다시 속으로 비

통히 여기시며 무덤에 가시니 무덤이

굴이라 돌로 막았거늘

39절 예수께서 이르시되 돌을 옮겨

놓으라 하시니 그 죽은 자의 누이 마

속뜻단어 풀이
• 굴: 窟 | 굴 굴 [tunnel; hole] ❶ 땅이나 바위가 깊숙이 팬 곳. 굴속에 살다. ❷ 산이나 땅속을 뚫어 만든 길.
• 누이 (妹, 누이 매) | [boy's sister] ❶ 남자의 여자 형제. 속담 누이 좋고 매부 좋다.

르다가 이르되 주여. 죽은 지가 나흘
이 되었으매 벌써 냄새가 나나이다.

40절 예수께서 이르시되 내 말이 네
가 믿으면 하나님의 영광을 보리라 하
지 아니하였느냐 하시니

41절 돌을 옮겨 놓으니 예수께서 눈
을 들어 우러러 보시고 이르시되 아버
지여, 내 말을 들으신 것을 감사하나
이다.

42절 항상 내 말을 들으시는 줄을

속뜻단어 풀이

• **우러르다** | [lift one's head up; have deep respect] ❶ 고개를 의젓이 쳐들다. 하늘을 우러러 한 점 부끄럼이 없다. ❷ 공경하는 마음을 가지다. 스승으로 우러러 모시다.

• **감:사 感謝** | 느낄 감, 고마워할 사 [thanks; gratitude] ❶ 속뜻 고마움[謝]을 느낌[感]. ❷ 고마움을 표함. 성원에 감사드립니다. (비)사의(謝意), 은혜(恩惠).

내가 알았나이다. 그러나 이 말씀 하

옵는 것은 둘러선 무리를 위함이니 곧

아버지께서 나를 보내신 것을 그들로

믿게 하려 함이니이다.

43절 이 말씀을 하시고 큰 소리로

나사로야! 나오라 부르시니

44절 죽은 자가 수족을 베로 동인

채로 나오는데 그 얼굴은 수건에 싸였

더라. 예수께서 이르시되 풀어 놓아

다니게 하라 하시니라.

- **수족 手足** | 손 수, 발 족 [hands and feet; limbs] **❶** 속뜻 손[手]과 발[足]. **❷** '손발처럼 마음대로 부리는 사람'을 비유하여 이르는 말. 그녀는 나에게 수족과 같은 존재다.
- **베** | [hemp cloth] : 삼실로 짠 천. 베를 짜다.
- **동이다** | [tie up; bind] : 끈·실 등으로 감거나 둘러서 묶다. 끈으로 짐을 동이다.

45절 마리아에게 와서 예수께서 하신

일을 본 많은 유대인이 그를 믿었으나

46절 그 중에 어떤 자는 바리새인들

에게 가서 예수께서 하신 일을 알리니

라.

47절 이에 대제사장들과 바리새인들이

공회를 모으고 이르되 이 사람이 많은

표적을 행하니 우리가 어떻게 하겠느냐?

48절 만일 그를 이대로 두면 모든

사람이 그를 믿을 것이요 그리고 로마

속뜻단어
풀 이

• **대제사장 大祭司長** | 클 대/큰 대, 제사 제, 맡을 사, 어른 장 [chief priest; high priest] : 성막과 제사의 일을 담당했던 레위 지파와 제사장들 가운데 이스라엘 백성을 대표하고 제사에 관한 제반사항을 지휘했던 제사장직의 최고위자.

• **공회 公會** | 여럿 공, 모일 회 [public meeting] ❶ 속뜻 여러 사람[公]들의 모임[會]. ❷ 공적인 문제를 의논하기 위한 모임. 공회를 소집하다.

인들이 와서 우리 땅과 민족을 빼앗아

가리라 하니

　49절 그 중의 한 사람 그 해의 대

제사장인 가야바가 그들에게 말하되 너

희가 아무 것도 알지 못하는도다.

　50절 한 사람이 백성을 위하여 죽어

서 온 민족이 망하지 않게 되는 것이

너희에게 유익한 줄을 생각하지 아니하

는도다 하였으니

　51절 이 말은 스스로 함이 아니요

속뜻단어
풀이

• 백성 百姓 | 여러 백, 성씨 성 [people] ❶ 속뜻 온갖[百] 성씨(姓氏). ❷ 일반 국민. 백성은 나라의 근본이다.
• 유:익 有益 | 있을 유, 더할 익 [profitable; advantageous; useful] : 이로움[益]이 있음[有]. 이점(利點)이 있음. 유익을 주다 / 이 동영상은 영어를
　배우는 데 유익하다. (반)무익(無益).

그 해의 대제사장이므로 예수께서 그

민족을 위하시고

52절 또 그 민족만 위할 뿐 아니라

흩어진 하나님의 자녀를 모아 하나가

되게 하기 위하여 죽으실 것을 미리

말함이러라.

53절 이 날부터는 그들이 예수를 죽

이려고 모의하니라.

54절 그러므로 예수께서 다시 유대인

가운데 드러나게 다니지 아니하시고 거

182

요한
복음
11장

• 민족 民族 | 백성 민, 무리 족 [race; people] ❶ 속뜻 같은 지역에 살고 있는 백성[民]의 무리[族]. ❷ 같은 지역에서 오랫동안 공동생활을 함으로써 언어나 풍속 따위 문화 내용을 함께 하는 사람들의 집단. 미국은 여러 민족으로 이루어진 나라이다.
• 모의 謀議 | 꾀 모, 의논할 의 [plot] : 어떤 일을 꾸미고[謀] 의논함[議]. 대통령 암살을 모의하다.

기를 떠나 빈 들 가까운 곳인 에브라

임이라는 동네에 가서 제자들과 함께

거기 머무르시니라.

  55절 유대인의 유월절이 가까우매 많

은 사람이 자기를 성결하게 하기 위하

여 유월절 전에 시골에서 예루살렘으로

올라갔더니

  56절 그들이 예수를 찾으며 성전에

서서 서로 말하되 너희 생각에는 어떠

하냐? 그가 명절에 오지 아니하겠느냐

속뜻단어
풀이
• 성:결 聖潔 | 성스러울 성, 깨끗할 결 [holiness and purity] : 거룩하고 [聖] 깨끗함 [潔].
• 명절 名節 | 이름 명, 철 절 [holiday] ❶ 속뜻 유명(有名)한 철[節]이나 날. ❷ 해마다 일정하게 지키어 즐기거나 기념하는 날. 고향으로 돌아가
  명절을 쇠다.

하 니

57절 이 는 대 제 사 장 들 과 바 리 새 인 들 이

누 구 든 지 예 수 있 는 곳 을 알 거 든 신 고

하 여 잡 게 하 라 명 령 하 였 음 이 러 라 .

속뜻단어풀이

• **신고 申告** | 알릴 신, 알릴 고 [state; report] **법률** 국민이 법령의 규정에 따라 행정 관청에 일정한 사실을 알림[申=告]. 혼인 신고 / 세관에 카메라를 신고하다.
• **명:령 命令** | 명할 명, 시킬 령 [order; command] ❶ **속뜻** 명(命)을 내려 시킴[令]. ❷ 윗사람이 아랫사람에게 시킴. ❸ 컴퓨터에 동작을 지시하는 것.

1. 병들어 죽은 나사로의 누이들(마르다, 마리아)은 왜 예수님을 원망했나요? (21, 32절)

　　답 :

2. 나사로가 매우 위독한 생태였는데도, 왜 예수님은 서둘러 오지 않고,

　　이틀이나 더 늦게(나사로가 죽은 뒤에) 오셨을까요? (42-44절)

　　답 :

요한복음 이해문제

제12장

1절 유월절 엿새 전에 예수께서 베다니에 이르시니 이 곳은 예수께서 죽은 자 가운데서 살리신 나사로가 있는 곳이라.

2절 거기서 예수를 위하여 잔치할새 마르다는 일을 하고 나사로는 예수와 함께 앉은 자 중에 있더라.

3절 마리아는 지극히 비싼 향유 곧 순전한 나드 한 근을 가져다가 예수의

속뜻단어 풀이
- **순전 純全** | 순수할 순, 완전할 전 [pure; spotless] : 순수(純粹)하고 완전(完全)하다. 순전한 오해 / 그건 순전히 내 실수였다.
- **나드** | [nard] : [식물] 나르드. 나르드 향(진통제)
- **근 斤** | 근 근 : 저울로 다는 무게의 단위. 고기는 600g, 채소나 과일은 375g이다. 돼지고기 한 근 / 사과 한 근.

발에 붓고 자기 머리털로 그의 발을

닦으니 향유 냄새가 집에 가득하더라.

4절 제자 중 하나로서 예수를 잡아

줄 가룟 유다가 말하되

5절 이 향유를 어찌하여 삼백 데나

리온에 팔아 가난한 자들에게 주지 아

니하였느냐 하니

6절 이렇게 말함은 가난한 자들을

생각함이 아니요 그는 도둑이라. 돈궤

를 맡고 거기 넣는 것을 훔쳐 감이러

속뜻단어
풀이
• 데나리온 | [denarius] : 신약시대에 일군의 하루치 삯을 나타내는 로마인들이 발행했던 은전을 말한다.
• 돈궤 돈-櫃 | 상자 궤 [a money box, a cashbox] : 돈이나 그 밖의 중요한 물건을 넣어 두는 궤.

라.

　7절　예수께서　이르시되　그를　가만
두어　나의　장례할　날을　위하여　그것을
간직하게　하라.
　8절　가난한　자들은　항상　너희와　함
께　있거니와　나는　항상　있지　아니하리
라　하시니라.
　9절　유대인의　큰　무리가　예수께서
여기　계신　줄을　알고　오니　이는　예수
만　보기　위함이　아니요　죽은　자　가운

속뜻단어풀이

- **장:례 葬禮** | 장사 지낼 장, 예도 례 [hold a funeral] : 장사(葬事)를 지내는 예절(禮節). 장례 절차가 간소해지고 있다 / 군인의 시신을 찾아 장례했다. (비)장의(葬儀).
- **간직-하다** | [keep; hold] : 잊거나 잃지 않도록 잘 보관하다. 가슴속 깊이 간직하다 / 그의 말은 내 기억 속에 간직되어 있다. (비)가지다, 지니다, 간수(看守)하다.

데서 살리신 나사로도 보려 함이러라.

10절 대제사장들이 나사로까지 죽이려

고 모의하니

11절 나사로 때문에 많은 유대인이

가서 예수를 믿음이러라.

12절 그 이튿날에는 명절에 온 큰

무리가 예수께서 예루살렘으로 오신다는

것을 듣고

13절 종려나무 가지를 가지고 맞으러

나가 외치되 호산나 찬송하리로다. 주

속뜻단어
풀이

- **종려나무 棕櫚나무** | [palm tree] : 야자과의 상록수. 많은 열매와 나무의 아름다운 모습으로 인해 성경에서는 '아름다움과 번성'의 상징으로 사용되었다.
- **찬:송 讚頌** | 기릴 찬, 기릴 송 [praise; glorify] : 공덕 따위를 기리고[讚] 칭송(稱頌)함.

의 이름으로 오시는 이 곧 이스라엘의

왕이시여 하더라.

　14절 예수는 한 어린 나귀를 보고

타시니

　15절 이는 기록된 바 시온 딸아,

두려워하지 말라. 보라! 너의 왕이

나귀 새끼를 타고 오신다 함과 같더라.

　16절 제자들은 처음에 이 일을 깨닫

지 못하였다가 예수께서 영광을 얻으신

후에야 이것이 예수께 대하여 기록된

 속뜻단어
풀이

• **이스라엘** | [Israel] ❶ 야곱이 얍복 강가에서 천사와 씨름하여 이긴 후에 새로 불려진 야곱의 이름(창32:28)이며, '하나님과 겨루어 이긴 자' 라
는 뜻으로 야곱의 후손들로 이루어진 민족을 일컫는 이름이 되었다. 신약에서는 믿음을 가진 하나님의 백성을 이르는 상징적인 의미로도 쓰인
다. ❷ 현재, 아시아 서부 지중해 연안에 있는 공화국.
• **나귀** | [donkey; ass] ❶ 동물 '당나귀'의 준말. 당-나귀 (唐—, 당나라 당) [donkey; ass] 말과의 짐승. 말과 비슷하나 작고 귀가 길다.

것임과 사람들이 예수께 이같이 한 것

임이 생각났더라.

　17절 나사로를 무덤에서 불러내어 죽

은 자 가운데서 살리실 때에 함께 있

던 무리가 증언한지라.

　18절 이에 무리가 예수를 맞음은 이

표적 행하심을 들었음이러라.

　19절 바리새인들이 서로 말하되 볼지

어다. 너희 하는 일이 쓸 데 없다.

보라! 온 세상이 그를 따르는도다 하

속뜻단어
풀이

• 증언 證言 | 증거 증, 말씀 언 [testify; attest] ❶ 법률 증인(證人)으로서 사실을 말함[言]. 또는 그런 말. 목격자의 증언을 듣다 / 범인은 붉은 셔츠를 입었다고 증언했다.
• 표적 表迹 | 겉 표, 자취 적 [miraculous signs; miracles] ❶ 겉[表]으로 나타난 자취[迹]. ❷ 기독교 기적을 의미.

니라.

20절 명절에 예배하러 올라온 사람

중에 헬라인 몇이 있는데

21절 그들이 갈릴리 벳새다 사람 빌

립에게 가서 청하여 이르되 선생이여,

우리가 예수를 뵈옵고자 하나이다 하니

22절 빌립이 안드레에게 가서 말하고

안드레와 빌립이 예수께 가서 여쭈니

23절 예수께서 대답하여 이르시되 인

자가 영광을 얻을 때가 왔도다.

속뜻단어
풀　이

- **예배 禮拜** | 예도 례, 절 배 [worship] ❶ **속뜻** 공손한 예의(禮儀)를 갖추어 절함[拜]. ❷ **기독교** 성경(聖經)을 읽고 기도(祈禱)와 찬송으로 하나님에 대한 숭경(崇敬)의 뜻을 나타내는 일. 예배를 드리다.
- **헬라인 (헬라–人, 사람인)** | [Greek] : 유럽의 남동지역, 발칸반도의 남쪽에 있던 나라. **기독교** '그리스'를 성경에서 부르는 이름.

24절 내가 진실로 진실로 너희에게 이르노니 한 알의 밀이 땅에 떨어져 죽지 아니하면 한 알 그대로 있고 죽으면 많은 열매를 맺느니라.

25절 자기의 생명을 사랑하는 자는 잃어버릴 것이요 이 세상에서 자기의 생명을 미워하는 자는 영생하도록 보전하리라.

26절 사람이 나를 섬기려면 나를 따르라. 나 있는 곳에 나를 섬기는 자

속뜻단어
풀이

- **열매 (果, 열매 과; 實, 열매 실)** | [fruit] : 식물이 수정하여 씨방이 자라서 된 것. 올해는 사과나무에 열매가 적게 열렸다. (비)과실(果實), 실과 (實果).
- **보전 保全** | 지킬 보, 온전할 전 [preserve intact] : 온전하게[全] 잘 지킴[保]. 환경보전.

도 거기 있으리니 사람이 나를 섬기면

내 아버지께서 그를 귀히 여기시리라.

27절 지금 내 마음이 괴로우니 무슨

말을 하리요 아버지여, 나를 구원하여

이 때를 면하게 하여 주옵소서. 그러

나 내가 이를 위하여 이 때에 왔나이

다.

28절 아버지여, 아버지의 이름을 영

광스럽게 하옵소서 하시니 이에 하늘에

서 소리가 나서 이르되 내가 이미 영

년 월 일

194
요한
복음
12장

- **구: 원 救援** | 건질 구, 당길 원 [rescue; relieve] ❶ 속뜻 물에 빠진 사람을 건져주기[救] 위해 잡아당김[援]. ❷ 기독교 인류를 죽음과 고통과 죄악에서 건져내는 일. (비)구제(救濟).
- **면:-하다 (免—, 면할 면)** | [escape; be saved from; avoid] ❶ 책임이나 의무에서 벗어나다[免]. 책임을 면하다. ❷ 어떤 일을 당하지 않게 되다. 손해를 면하다. ❸ 어떤 상태나 처지에서 벗어나다. 낙제를 겨우 면하다.

광스럽게 하였고 또다시 영광스럽게 하

리라 하시니

29절 곁에 서서 들은 무리는 천둥이

울었다고도 하며 또 어떤 이들은 천사

가 그에게 말하였다고도 하니

30절 예수께서 대답하여 이르시되 이

소리가 난 것은 나를 위한 것이 아니

요 너희를 위한 것이니라.

31절 이제 이 세상에 대한 심판이

이르렀으니 이 세상의 임금이 쫓겨나리

속뜻단어
풀이

• 천둥 | [thunder; peal of thunder] : 벼락이나 번개가 칠 때 하늘이 요란하게 울리는 일. 또는 번개가 치며 일어나는 소리. 천둥이 우르르하고 치다.
• 천사 天使 | 하늘 천, 부릴 사 [angel] ❶ 속뜻 '천자(天子)의 사신(使臣)'을 제후국에서 일컫던 말. ❷ 기독교 하나님의 사자로서 하나님과 인간의 중개 역할을 하는 존재를 이르는 말. 서양의 천사는 주로 날개를 달고 있다 / 그녀는 천사와 같은 마음씨를 가졌다. (반)악마(惡魔).

라.

32절 내가 땅에서 들리면 모든 사람
을 내게로 이끌겠노라 하시니

33절 이렇게 말씀하심은 자기가 어떠
한 죽음으로 죽을 것을 보이심이러라.

34절 이에 무리가 대답하되 우리는
율법에서 그리스도가 영원히 계신다 함
을 들었거늘 너는 어찌하여 인자가 들
려야 하리라 하느냐? 이 인자는 누구
냐?

**속뜻단어
풀이**
- **들리다 (擧, 들 거)** | [make hold; raise] ❶ 물건이 손에 잡히거나 집히다. 손에 짐이 들려 우산을 쓸 수 없다. ❷ 남을 시켜서 들게 하다. 가방을 들려 보내다.
- **율법 律法** | 법칙 률, 법 법 [law; rule] ❶ **속뜻** 규범[律]과 법[法]. ❷ **기독교** 하나님이 인간에게 지키도록 내린 규범을 이르는 말.

35절 예수께서 이르시되 아직 잠시

동안 빛이 너희 중에 있으니 빛이 있

을 동안에 다녀 어둠에 붙잡히지 않게

하라. 어둠에 다니는 자는 그 가는

곳을 알지 못하느니라.

36절 너희에게 아직 빛이 있을 동안

에 빛을 믿으라. 그리하면 빛의 아들

이 되리라. 예수께서 이 말씀을 하시

고 그들을 떠나가서 숨으시니라.

37절 이렇게 많은 표적을 그들 앞에

속뜻단어
풀이

• 말:씀 (語, 말씀 어; 話, 말씀 화; 言, 말씀 언; 談, 말씀 담; 說, 말씀 설; 辭, 말씀 사; 詞, 말씀 사) | [words; speech] : ❶ 웃어른이나 남의 말의 높임말. 선생님 말씀을 따르겠습니다. ❷ 웃어른에게 하는 자기 말의 낮춤말. 잠시 드릴 말씀이 있습니다.

서 행하셨으나 그를 믿지 아니하니

38절 이는 선지자 이사야의 말씀을

이루려 하심이라. 이르되 주여, 우리

에게서 들은 바를 누가 믿었으며 주의

팔이 누구에게 나타났나이까 하였더라.

39절 그들이 능히 믿지 못한 것은

이 때문이니 곧 이사야가 다시 일렀으

되

40절 그들의 눈을 멀게 하시고 그들

의 마음을 완고하게 하셨으니 이는 그

속뜻단어
풀이

• **능히 (能-, 능할 능)** | [easily] : 능력이 있어서 쉽게. 능-하다 (能—, 능할 능) [able; capable] 서투르지 않고 기술이 뛰어나 잘한다[能]. 그녀
는 바이올린보다 피아노에 능하다 / 그 일은 나 혼자서도 능히 해낼 수 있다. (반)서투르다. 속담 날면 기는 것이 능하지 못하다.
• **완고 頑固** | 미련할 완, 굳을 고 [be obstinate] : 미련할[頑] 정도로 성질이 고집(固執)스럽다. 옆집 할아버지는 완고한 데가 있다.

들로 하여금 눈으로 보고 마음으로 깨닫고 돌이켜 내게 고침을 받지 못하게 하려 함이라 하였음이더라.

41절 이사야가 이렇게 말한 것은 주의 영광을 보고 주를 가리켜 말한 것이라.

42절 그러나 관리 중에도 그를 믿는 자가 많되 바리새인들 때문에 드러나게 말하지 못하니 이는 출교를 당할까 두려워함이라.

속뜻단어
풀이
• **관리 官吏** | 벼슬 관, 벼슬아치 리 [government official] : 관직(官職)에 있는 사람[吏]. 그 관리는 원님만 믿고 위세를 부렸다.
• **출교 黜教** | 내쫓을 출, 종교 교 [excommunication] 기독교 잘못을 저지른 교인을 교적(敎籍)에서 삭제하여 내쫓음[黜].

43절 그들은 사람의 영광을 하나님의 영광보다 더 사랑하였더라.

44절 예수께서 외쳐 이르시되 나를 믿는 자는 나를 믿는 것이 아니요 나를 보내신 이를 믿는 것이며

45절 나를 보는 자는 나를 보내신 이를 보는 것이니라.

46절 나는 빛으로 세상에 왔나니 무릇 나를 믿는 자로 어둠에 거하지 않게 하려 함이로라.

속뜻단어풀이

- **세: 상 世上** | 세간 세, 위 상 [world; society] ❶ 속뜻 사람들[世]이 살고 있는 지구 위[上]. ❷ 인간이 활동하거나 생활하고 있는 사회. 그는 세상이 어떻게 돌아가는지 모른다. ❸ 제 마음대로 판을 치며 자유롭게 활동할 수 있는 무대. 여기는 완전히 내 세상이다.
- **거하다 居하다** | 거주할 거 [have[keep] one's residence] : 사람이 일정한 곳에 머물러 살다.

47절 사람이 내 말을 듣고 지키지
아니할지라도 내가 그를 심판하지 아니
하노라. 내가 온 것은 세상을 심판하
려 함이 아니요 세상을 구원하려 함이
로라.

48절 나를 저버리고 내 말을 받지
아니하는 자를 심판할 이가 있으니 곧
내가 한 그 말이 마지막 날에 그를
심판하리라.

49절 내가 내 자의로 말한 것이 아

속뜻단어 풀이

- **심:판 審判** | 살필 심, 판가름할 판 [judge] ❶ **속뜻** 문제가 되는 안건을 심의(審議)하여 판결(判決)을 내리는 일. 법의 심판을 받다 / 공정하게 심판하다. ❷ **운동** 운동 경기에서 규칙의 적부 여부나 승부를 판정함. 또는 그런 일이나 사람. 축구 심판.
- **저-버리다** | [go back on; turn ones back on] ❶ 도리나 의리를 잊거나 어기다. 그는 나와의 약속을 저버렸다. ❷ 누구를 떠나거나 배반하다.
- **자의 自意** | 스스로 자, 뜻 의 [one's own will] : 자기 스스로[自]의 생각이나 의견(意見). 자의로 회사를 그만두다. (반)타의(他意).

니요 나를 보내신 아버지께서 내가 말

할 것과 이를 것을 친히 명령하여 주

셨으니

　50절 나는 그의 명령이 영생인 줄

아노라. 그러므로 내가 이르는 것은

내 아버지께서 내게 말씀하신 그대로니

라 하시니라.

속뜻단어 풀이
- **친-히 (親—, 몸소 친) | [personally] :** 직접[親] 제 몸으로. 그는 부하들에게 친히 시범을 보였다. (비)몸소, 손수.
- **명:령 命令 | 명할 명, 시킬 령 [order; command] ❶ 속뜻 명(命)을 내려 시킴[令]. ❷ 윗사람이 아랫사람에게 시킴. ❸ 컴퓨터에 동작을 지시하는 것.**

1. 당시 대제사장들이 예수님과 같이 살아난 나사로까지 다시 죽이려고 한 이유는

무엇인가요? (11절)

답 :

2. 빈 칸을 채우면서 예수님이 말씀하신 생명력 있는 삶의 비결은 무엇입니까?

답 : (25절) "자기의 생명을 사랑하는 자는 (   )(   )버릴 것이요, 이 세상에서

자기의 생명을 미워하는 자는 (   )(   )하도록 보전하리라."

3. "나는 (   )으로 세상에 왔나니, 무릇 나를 믿는 자로 (   )(   )에 거하지

않게 하려 함이로라." (46절)

요한복음 이해문제

제13장

　1절　유월절　전에　예수께서　자기가
세상을　떠나　아버지께로　돌아가실　때가
이른　줄　아시고　세상에　있는　자기　사
람들을　사랑하시되　끝까지　사랑하시니라.
　2절　마귀가　벌써　시몬의　아들　가룻
유다의　마음에　예수를　팔려는　생각을
넣었더라.
　3절　저녁　먹는　중　예수는　아버지께
서　모든　것을　자기　손에　맡기신　것과

속뜻단어
풀　　이

• **유월절 逾越節** | 넘을 유, 넘을 월, 마디 절 [Passover] : 유대교의 3대 절(節)의 하나. 봄의 축제(祝祭)로 이스라엘 민족(民族)이 애굽(埃及)에서 탈출(脫出)함을 기념(紀念·記念)하는 명절(名節), 유월이란 여호와가 애굽 사람의 맏아들을 모두 죽일 때 이스라엘 사람들의 집에는 어린 양(羊)의 피를 문기둥에 발라서 표를 하여 놓은 까닭에 그대로 지나가 그 재난(災難)을 면한 데서 온 말.

또　　자기가　　하나님께로부터　　오셨다가　　하

나님께로　　돌아가실　　것을　　아시고

　　4절　　저녁　　잡수시던　　자리에서　　일어나

겉옷을　　벗고　　수건을　　가져다가　　허리에

두르시고

　　5절　　이에　　대야에　　물을　　떠서　　제자들

의　　발을　　씻으시고　　그　　두르신　　수건으로

닦기를　　시작하여

　　6절　　시몬　　베드로에게　　이르시니　　베드

로가　　이르되　　주여,　　주께서　　내　　발을

속뜻단어 풀이
• 겉-옷 | [outer garment] : 겉에 입는 옷. 추워서 두툼한 겉옷을 입었다. (반)속옷.
• 대야 | [washbasin; washbowl] : 물을 담아 얼굴이나 그릇 따위를 씻을 때 쓰는 둥글넓적한 그릇. (비)세면기(洗面器).

씻으시나이까?

7절 예수께서 대답하여 이르시되 내

가 하는 것을 네가 지금은 알지 못하

나 이 후에는 알리라.

8절 베드로가 이르되 내 발을 절대

로 씻지 못하시리이다. 예수께서 대답

하시되 내가 너를 씻어 주지 아니하면

네가 나와 상관이 없느니라.

9절 시몬 베드로가 이르되 주여,

내 발뿐 아니라 손과 머리도 씻어 주

속뜻단어
풀   이

• **대:답 對答** | 대할 대, 답할 답 [answer; reply] ❶ 속뜻 묻는 말에 대(對)하여 답(答)함. 선생님의 질문에 대답했다. ❷ 어떤 문제를 푸는 실마리. 또는 그 해답. 잘 생각해보면 대답을 찾을 수 있다. (비)응답(應答), 답변(答辯), 해답(解答). (반)질문(質問).

• **상관 相關** | 서로 상, 관계할 관 [be related to; meddle] ❶ 속뜻 서로[相] 관련(關聯)을 가짐. 또는 그 관련. 그 일이 당신과 무슨 상관이 있나요? ❷ 남의 일에 간섭함. 그가 언제 떠나든 상관을 하지 않겠다 / 그는 절대로 친구의 일에 상관하지 않는다.

옵소서.

　10절　예수께서　이르시되　이미　목욕한
자는　발밖에　씻을　필요가　없느니라.
온　몸이　깨끗하니라.　너희가　깨끗하나
다는　아니니라　하시니
　11절　이는　자기를　팔　자가　누구인지
아심이라.　그러므로　다는　깨끗하지　아
니하다　하시니라.
　12절　그들의　발을　씻으신　후에　옷을
입으시고　다시　앉아　그들에게　이르시되

속뜻단어풀이
• **목욕 沐浴** | 머리감을 목, 몸씻을 욕 [bath] ❶ 속뜻 머리를 감고[沐] 몸을 씻음[浴]. ❷ 온몸을 씻음. 하루에 한 번은 목욕을 해야 한다.
• **필요 必要** | 반드시 필, 구할 요 [necessary; essential] : 반드시[必] 요구(要求)되는 바가 있음. 그는 경제적 필요에 의해 직장에 다니기 시작했다 / 도움이 필요하면 전화 주세요. (반)불필요(不必要).

내가 너희에게 행한 것을 너희가 아느
냐?

13절 너희가 나를 선생이라 또는 주
라 하니 너희 말이 옳도다. 내가 그
러하다.

14절 내가 주와 또는 선생이 되어
너희 발을 씻었으니 너희도 서로 발을
씻어 주는 것이 옳으니라.

15절 내가 너희에게 행한 것 같이
너희도 행하게 하려 하여 본을 보였노

속뜻단어풀이

- **선생 先生** | 먼저 선, 날 생 [teacher; Mister] ❶ 속뜻 먼저[先] 태어남[生]. ❷ 학생을 가르치는 사람. ❸ 성명이나 직명 따위의 아래에 쓰여 그를 높여 일컫는 말. 최 선생. ❹ 어떤 일에 경험이 많거나 아는 것이 많은 사람. 의사 선생. (비)교사(敎師).
- **본 本** | 본보기 본 [example; model; pattern] ❶ 어떤 사실을 설명하거나 증명하기 위하여 내세워 보이는 대표적인 것. 본을 보이다. ❷ 버선이나 옷 따위를 만들 때에 쓰기 위하여 본보기로 만든 실물 크기의 물건. 저고리의 본을 뜨다. (비)본보기.

라.

16절 내가 진실로 진실로 너희에게 이르노니 종이 주인보다 크지 못하고 보냄을 받은 자가 보낸 자보다 크지 못하나니

17절 너희가 이것을 알고 행하면 복이 있으리라.

18절 내가 너희 모두를 가리켜 말하는 것이 아니니라. 나는 내가 택한 자들이 누구인지 앎이라. 그러나 내

속뜻단어
풀이

- **주인 主人** | 주될 주, 사람 인 [owner; host; employer] ❶ 속뜻 한 집안을 꾸려 나가는 주(主)되는 사람[人]. ❷ 물건을 소유한 사람. 이 땅의 주인은 누구입니까? ❸ 손을 맞이하는 사람. 주인은 손님들에게 반갑게 인사했다. ❹ 고용 관계에서의 고용주. 휴가를 달라고 주인에게 건의하다. (반)손님.
- **복 福** | 복 복 [fortune; luck; blessing] ❶ 아주 좋은 운수. 새해 복 많이 받으세요. ❷ 배당되는 몫이 많음의 비유. 먹을 복이 많다. (반)화(禍).

떡을 먹는 자가 내게 발꿈치를 들었다

한 성경을 응하게 하려는 것이니라.

19절 지금부터 일이 일어나기 전에

미리 너희에게 일러 둠은 일이 일어날

때에 내가 그인 줄 너희가 믿게 하려

함이로라.

20절 내가 진실로 진실로 너희에게

이르노니 내가 보낸 자를 영접하는 자

는 나를 영접하는 것이요 나를 영접하

는 자는 나를 보내신 이를 영접하는

속뜻단어
풀   이

• 응:-하다 (應—, 응할 응) | [answer; accept] : 물음이나 요구, 필요에 맞추어 [應] 대답하거나 행동하다. 그는 친구의 초대에 응했다.

• 일러-두다 | [tell] : 특별히 부탁하거나 지시해 두다. 그는 딸에게 매일 아침 화분에 물을 주라고 일러두었다.

것이니라.

　21절　예수께서　이　말씀을　하시고　심

령이　괴로워　증언하여　이르시되　내가

진실로　진실로　너희에게　이르노니　너희

중　하나가　나를　팔리라　하시니

　22절　제자들이　서로　보며　누구에게

대하여　말씀하시는지　의심하더라.

　23절　예수의　제자　중　하나　곧　그가

사랑하시는　자가　예수의　품에　의지하여

누웠는지라.

• **의심 疑心** | 의아할 의, 마음 심 [doubt; question; distrust] : 확실히 알 수 없어서 의아해하는[疑] 마음[心]. 누나는 정말 의심이 많다 / 그의 말이 사실인지 의심쩍다 / 그 소문이 사실인지 아닌지 의심스럽다.

• **의지 依支** | 기댈 의, 버틸 지 [lean on] ❶ 속뜻 다른 것에 기대어[依] 몸을 지탱(支撑)함. 또는 그렇게 하는 대상. 할머니는 지팡이에 의지하여 걸었다. ❷ 다른 것에 마음을 기대어 도움을 받음. 또는 그렇게 하는 대상. 언니는 나에게 큰 의지가 되었다 / 의지할 수 있는 사람이 필요하다.

24절 시몬 베드로가 머릿짓을 하여
말하되 말씀하신 자가 누구인지 말하라
하니

25절 그가 예수의 가슴에 그대로 의
지하여 말하되 주여, 누구니이까?

26절 예수께서 대답하시되 내가 떡
한 조각을 적셔다 주는 자가 그니라
하시고 곧 한 조각을 적셔서 가룟 시
몬의 아들 유다에게 주시니

27절 조각을 받은 후 곧 사탄이 그

속뜻단어
풀이
• **머릿짓** : 머리를 움직이는 짓
• **사탄** | [Satan] 기독교 적대자' 라는 뜻으로, 하나님과 대립하여 존재하는 악(惡)을 인격화하여 이르는 말. (비)마귀(魔鬼).

속에 들어간지라. 이에 예수께서 유다

에게 이르시되 네가 하는 일을 속히

하라 하시니

28절 이 말씀을 무슨 뜻으로 하셨는

지 그 앉은 자 중에 아는 자가 없고

29절 어떤 이들은 유다가 돈궤를 맡

았으므로 명절에 우리가 쓸 물건을 사

라 하시는지 혹은 가난한 자들에게 무

엇을 주라 하시는 줄로 생각하더라.

30절 유다가 그 조각을 받고 곧 나

속뜻단어 풀이
- 속-히 (速—, 빠를 속) | [fast; hastily] : 빨리[速]. 서둘러서. 일이 끝나는 대로 속히 이곳을 떠나라.
- 가난 (貧, 가난할 빈) | [poor; bad off] : 집안 살림이 넉넉하지 못하고 쪼들림. 가난에 쪼들리다. (비)빈곤(貧困), 빈한(貧寒). (반)부(富), 풍요
  속담 가난한 집 제사 돌아오듯.

가니 밤이러라.

31절 그가 나간 후에 예수께서 이르

시되 지금 인자가 영광을 받았고 하나

님도 인자로 말미암아 영광을 받으셨도

다.

32절 만일 하나님이 그로 말미암아

영광을 받으셨으면 하나님도 자기로 말

미암아 그에게 영광을 주시리니 곧 주

시리라.

33절 작은 자들아, 내가 아직 잠시

속뜻단어 풀이
- **영광 榮光** | 영화 영, 빛 광 [glory] : 영화(榮華)롭게 빛[光]남. 또는 그러한 영예. 이 영광을 부모님께 돌리겠습니다 / 학교 대표로 뽑힌 것이 영광스럽다.
- **만: 일 萬一** | 일만 만, 한 일 [if; in case of] : 만(萬) 가운데 하나[一]. 거의 없는 것이나 매우 드물게 있는 일. 만일의 경우에 대비하다. (비)만약(萬若), 만혹(萬或).

너희와 함께 있겠노라.   너희가 나를

찾을 것이나 일찍이 내가 유대인들에게

너희는 내가 가는 곳에 올 수 없다고

말한 것과 같이 지금 너희에게도 이르

노라.

34절 새 계명을 너희에게 주노니 서

로 사랑하라.   내가 너희를 사랑한 것

같이 너희도 서로 사랑하라.

35절 너희가 서로 사랑하면 이로써

모든 사람이 너희가 내 제자인 줄 알

속뜻단어
풀이

• 계명 誡命 | 경계할 계, 목숨 명 [commandment] : 도덕상 또는 종교상 지켜야 하는[誡] 규정[命]. 예)기독교의 십계명.
• 제:자 弟子 | 아우 제, 아이 자 [disciple; follower] ❶ 속뜻 아우[弟]나 자식[子] 같은 사람. ❷ 스승의 가르침을 받거나 받은 사람. 스승의 날이면
제자들이 찾아온다. (반)스승.

리라.

36절 시몬 베드로가 이르되 주여,
어디로 가시나이까? 예수께서 대답하시
되 내가 가는 곳에 네가 지금은 따라
올 수 없으나 후에는 따라오리라.
37절 베드로가 이르되 주여, 내가
지금은 어찌하여 따라갈 수 없나이까?
주를 위하여 내 목숨을 버리겠나이다.
38절 예수께서 대답하시되 네가 나를
위하여 네 목숨을 버리겠느냐? 내가

속뜻단어
풀 이

• 주 主 | 주될 주 [principal part; Lord] ❶ 주요(主要)하거나 기본이 되는 것을 이르는 말. 이 고장은 농업이 주를 이룬다. ❷ 기독교 하나님이나 예수님을 이르는 말. 주께서 늘 살펴 주시옵소서.
• 목숨 (命, 목숨 명; 壽, 목숨 수) | [life; breath of life] : 숨을 쉬며 살아 있는 힘. 살아가는 원동력. 아이의 목숨을 구하다. (비)명(命), 생명(生命).

진실로 진실로 네게 이르노니 닭 울기
전에 네가 세 번 나를 부인하리라.

속뜻단어
풀 이
• **부:인 좀認** | 아닐 부, 알 인 [deny; negative] : 인정(認定)하지 않음[좀]. 사실을 부인하다. (반)시인(是認).

1. 예수님이 제자들의 발을 직접 씻겨주신 두 가지 이유는 무엇인가요?

　＊10절 :

　＊14-15절 :

2. 예수님이 주신 "새 계명"이 무엇인지 빈 칸을 채우면서 생각해보세요.

　답 : (34절) "새 계명을 너희에게 주노니, (　　　　　)(　　　　　　) 사랑하라. 내가

　　너희를 사랑한 것같이 너희도 서로 (　　　　　)(　　　　　)하라."

요한복음 이해문제

제 14 장

1절 너희는 마음에 근심하지 말라.
하나님을 믿으니 또 나를 믿으라.
2절 내 아버지 집에 거할 곳이 많
도다. 그렇지 않으면 너희에게 일렀으
리라. 내가 너희를 위하여 거처를 예
비하러 가노니
3절 가서 너희를 위하여 거처를 예
비하면 내가 다시 와서 너희를 내게로
영접하여 나 있는 곳에 너희도 있게

속뜻단어 풀이
• 근심 (患, 근심 환; 愁, 근심 수; 憂, 근심 우) | [anxiety; worry] : 괴롭게 애를 태우거나 불안해하는 마음. 그녀는 근심이 있다. (비)걱정.
• 거처 居處 | 살 거, 곳 처 [dwell in] : 사는[居] 곳[處]. 그는 우리집에서 거처하고 있다. (비)처소(處所), 거주지(居住地).
• 예:비 豫備 | 미리 예, 갖출 비 [prepare for; reserve] : 미리[豫] 마련하거나 갖추어 놓음[備]. 또는 미리 갖춘 준비. 예비 식량이 떨어졌다.

하리라.

　4절　내가　어디로　가는지　그　길을
너희가　아느니라.

　5절　도마가　이르되　주여,　　주께서
어디로　가시는지　우리가　알지　못하거늘
그　길을　어찌　알겠사옵나이까?

　6절　예수께서　이르시되　내가　곧　길
이요　진리요　생명이니　나로　말미암지
않고는　아버지께로　올　자가　없느니라.

　7절　너희가　나를　알았더라면　내　아

**속뜻단어
풀　　이**
- **진리 眞理** | 참 진, 이치 리 [truth; fact] : 참된[眞] 이치(理致). 또는 참된 도리. 그 진리를 깨닫는 데 오랜 시간이 걸렸다.
- **생명 生命** | 살 생, 목숨 명 [life] ❶ **속뜻** 살아가는[生] 데 꼭 필요한 목숨[命]. 생명의 은인 / 생명이 위태롭다. ❷ 사물이 존재할 수 있는 가장 중요한 요건을 비유하여 이르는 말. 가수는 목소리가 생명이다.

버지도   알았으리로다.   이제부터는   너희

가   그를   알았고   또   보았느니라.

8절   빌립이   이르되   주여,   아버지를

우리에게   보여   주옵소서.   그리하면   족

하겠나이다.

9절   예수께서   이르시되   빌립아   내가

이렇게   오래   너희와   함께   있으되   네가

나를   알지   못하느냐?   나를   본   자는

아버지를   보았거늘   어찌하여   아버지를

보이라   하느냐?

속뜻단어 풀이

• **족-하다 (足—, 넉넉할 족)** | [enough] : 수량이나 정도 따위가 넉넉하다[足]. 온 가족이 먹기에 족한 음식 / 숙제를 다 하려면 일주일은 족히 걸린다. (비) 충분(充分)하다. (반) 부족(不足)하다.

10절 내가 아버지 안에 거하고 아버
지는 내 안에 계신 것을 네가 믿지
아니하느냐? 내가 너희에게 이르는 말
은 스스로 하는 것이 아니라 아버지께
서 내 안에 계셔서 그의 일을 하시는
것이라.

11절 내가 아버지 안에 거하고 아버
지께서 내 안에 계심을 믿으라. 그렇
지 못하겠거든 행하는 그 일로 말미암
아 나를 믿으라.

• 행-하다 (行—, 행할 행) | [behave] : 작정한 대로 해 나가다[行]. 선을 행하다.

12절 내가 진실로 진실로 너희에게 이르노니 나를 믿는 자는 내가 하는 일을 그도 할 것이요 또한 그보다 큰 일도 하리니 이는 내가 아버지께로 감이라.

13절 너희가 내 이름으로 무엇을 구하든지 내가 행하리니 이는 아버지로 하여금 아들로 말미암아 영광을 받으시게 하려 함이라.

14절 내 이름으로 무엇이든지 내게

속뜻단어
풀   이

• **진실 眞實** | 참 진, 실제 실 [truthful; honest; frank] : 참된[眞] 사실(事實). 진실 혹은 거짓 / 사람들을 진실하게 대하다 / 나는 진실로 너를 사랑한다. (비)참. (반)거짓, 허위(虛僞).

• **영광 榮光** | 영화 영, 빛 광 [glory] : 영화(榮華)롭게 빛[光]남. 또는 그러한 영예. 이 영광을 부모님께 돌리겠습니다 / 학교 대표로 뽑힌 것이 영광스럽다.

구하면 내가 행하리라.

　15절 너희가 나를 사랑하면 나의 계

명을 지키리라.

　16절 내가 아버지께 구하겠으니 그가

또 다른 보혜사를 너희에게 주사 영원

토록 너희와 함께 있게 하리니

　17절 그는 진리의 영이라. 세상은

능히 그를 받지 못하나니 이는 그를

보지도 못하고 알지도 못함이라. 그러

나 너희는 그를 아나니 그는 너희와

 속뜻단어
풀 이

• 보혜사 保惠師 | 지킬 보, 은혜 혜, 스승 사 [counselor] : 성령을 지칭하는 어휘. 보혜사로 번역된 헬라어 '파라클레토스'는 '다른 사람에게 도움을 베풀도록 곁에 부름받은 자'로 '변호사, 조력자, 위로자, 상담자, 친구'를 뜻한다.

• 능히 (能-, 능할 능) | [easily] : 능력이 있어서 쉽게. 능-하다 (能—, 능할 능) [able; capable] 서투르지 않고 기술이 뛰어나 잘한다[能]. 그녀는 바이올린보다 피아노에 능하다 / 그 일은 나 혼자서도 능히 해낼 수 있다. (반)서투르다. 속담 날면 기는 것이 능하지 못하다.

함께 거하심이요 또 너희 숙에게 시겠
음이라.

18절 내가 너희를 고아와 같이 버려
두지 아니하고 너희에게로 오리라.

19절 조금 있으면 세상은 다시 나를
보지 못할 것이로되 너희는 나를 보리
니 이는 내가 살아 있고 너희도 살아
있겠음이라.

20절 그 날에는 내가 아버지 안에,
너희가 내 안에, 내가 너희 안에 있

속뜻단어풀이

- **고아 孤兒** | 홀로 고, 아이 아 [orphan] ❶ 속뜻 아버지가 돌아가셔 홀로[孤] 된 아이[兒]. ❷ 부모님을 여읜 사람. 할머니는 고아를 맡아 길렀다.
- **세:상 世上** | 세간 세, 위 상 [world; society] ❶ 속뜻 사람들[世]이 살고 있는 지구 위[上]. ❷ 인간이 활동하거나 생활하고 있는 사회. 그는 세상이 어떻게 돌아가는지 모른다. ❸ 제 마음대로 판을 치며 자유롭게 활동할 수 있는 무대. 여기는 완전히 내 세상이다.

는　　것을　　너희가　　알리라.

　　21절　　나의　　계명을　　지키는　　자라야　　나

를　　사랑하는　　자니　　나를　　사랑하는　　자는

내　　아버지께　　사랑을　　받을　　것이요　　나도

그를　　사랑하여　　그에게　　나를　　나타내리라.

　　22절　　가룟인　　아닌　　유다가　　이르되　　주

여,　　어찌하여　　자기를　　우리에게는　　나타

내시고　　세상에는　　아니하려　　하시나이까？

　　23절　　예수께서　　대답하여　　이르시되　　사

람이　　나를　　사랑하면　　내　　말을　　지키리니

**속뜻단어
풀　이**
- **계명 誡命** | 경계할 계, 목숨 명[commandment] : 도덕상 또는 종교상 지켜야 하는[誡] 규정[命]. 예)기독교의 십계명.
- **가룟인** : 가룟(그리욧) 지방 출신 사람

내　아버지께서　그를　사랑하실　것이요

우리가　그에게　가서　거처를　그와　함께

하리라.

　24절　나를　사랑하지　아니하는　자는

내　말을　지키지　아니하나니　너희가　듣

는　말은　내　말이　아니요　나를　보내신

아버지의　말씀이니라.

　25절　내가　아직　너희와　함께　있어서

이　말을　너희에게　하였거니와

　26절　보혜사　곧　아버지께서　내　이름

속뜻단어
풀이

• **거처 居處** | 살 거, 곳 처 [dwell in] : 사는[居] 곳[處]. 그는 우리집에서 거처하고 있다. (비)처소(處所), 거주지(居住地).

으로 보내실 성령 그가 너희에게 모든

것을 가르치고 내가 너희에게 말한 모

든 것을 생각나게 하리라.

27절 평안을 너희에게 끼치노니 곧

나의 평안을 너희에게 주노라. 내가

너희에게 주는 것은 세상이 주는 것과

같지 아니하니라. 너희는 마음에 근심

하지도 말고 두려워하지도 말라.

28절 내가 갔다가 너희에게로 온다

하는 말을 너희가 들었나니 나를 사랑

속뜻단어
풀이

- **성:령 聖靈** | 성스러울 성, 신령 령 [Holy Spirit] ❶ 속뜻 성(聖)스러운 신령(神靈). ❷ 기독교 성삼위 중의 하나인 하나님의 영을 이르는 말. 성령의 힘을 받았다.
- **평안 平安** | 고를 평, 편안할 안 [be well; peaceful; tranquil] ❶ 속뜻 마음이 고르고[平] 편안(便安)함. ❷ 마음에 걱정이 없음. 평안히 지내다 / 댁내 두루 평안하시길 바랍니다.

하였더라면 내가 아버지께로 감을 기뻐

하였으리라. 아버지는 나보다 크심이라.

29절 이제 일이 일어나기 전에 너희

에게 말한 것은 일이 일어날 때에 너

희로 믿게 하려 함이라.

30절 이 후에는 내가 너희와 말을

많이 하지 아니하리니 이 세상의 임금

이 오겠음이라. 그러나 그는 내게 관

계할 것이 없으니

31절 오직 내가 아버지를 사랑하는

속뜻단어
풀이
• **관계 關係** | 빗장 관, 맬 계 [relate; connect with] ❶ **속뜻** 둘 이상이 서로 관련(關聯)을 맺음[係]. 관계를 끊다. ❷ 어떤 방면이나 영역에 관련이
있거나 영향을 미치다. 교육 관계 서적 / 네가 있든 없든 관계 없다. (비)관련(關聯), 상관(相關).

것과　아버지께서　명하신　대로　행하는

것을　세상이　알게　하려　함이로라.　일

어나라　여기를　떠나자　하시니라.

속뜻단어
풀이

• **명:－하다**(命—, 명할 명) | [order; appoint] ❶ 무엇을 하라고 시키다[命]. 소대장은 전 소대에 해산을 명하였다. ❷ 직위에 임명하다. 부장에 명하다. (비)명령(命令)하다.

1. 예수님은 자신이 유일한 '구원자'이심을 어떻게 말씀하셨는지 빈 칸을 채워보세요.

　　답 : (6절) 예수께서 이르시되, "내가 곧 (　　　　　)이요 (　　　　　)(　　　　　)요

　　　　(　　　　　)(　　　　　)이니, 나로 말미암지 않고는 아버지께로 올 자가 없느니라."

2. 하나님 아버지께서 곧 하늘로 다시 올라가실 예수님을 대신하여 보내시는 "또 다른 보혜사"는 누구

　　입니까? (16-17, 26절)

　　답 :

　　　　* "또 다른"이란 말은 예수님 자신도 '보혜사'라는 의미입니다(요한일서 2:1). 그러므로 결국 이 말씀은

　　　　죄 사람의 몸을 가지고 오신 예수님께서 이제는(부활 이후) "눈에 보이지 않는 하나님"으로서 우리와 함

　　　　께 하신다는 뜻이 되는 것입니다.

요한복음 이해문제

제15장

1절 나는 참포도나무요. 내 아버지는 농부라.

2절 무릇 내게 붙어 있어 열매를 맺지 아니하는 가지는 아버지께서 그것을 제거해 버리시고 무릇 열매를 맺는 가지는 더 열매를 맺게 하려 하여 그것을 깨끗하게 하시느니라.

3절 너희는 내가 일러준 말로 이미 깨끗하여졌으니

**속뜻단어
풀 이**

• **맺다** (結, 맺을 결; 約, 맺을 약; 契, 맺을 계) | [tie up; bear; make a contract] ❶ 끄나풀 등의 두 끝을 이어 연결하여 매듭을 만들다. 매듭을 맺다. ❷ 나무나 풀이 열매나 꽃망울 따위를 이루다. 열매를 맺다. ❸ 인연이나 관계를 이루거나 짓다. 협정을 맺다 / 사랑을 맺다.

• **제거** 除去 | 덜 제, 없앨 거 [remove; exclude; eliminate] : 덜어[除] 없앰[去]. 불순물 제거 / 친일파 제거 / 악취 제거.

4절 내 안에 거하라. 나도 너희

안에 거하리라. 가지가 포도나무에 붙

어 있지 아니하면 스스로 열매를 맺을

수 없음 같이 너희도 내 안에 있지

아니하면 그러하리라.

5절 나는 포도나무요 너희는 가지라

그가 내 안에, 내가 그 안에 거하면

사람이 열매를 많이 맺나니 나를 떠나

서는 너희가 아무 것도 할 수 없음이

라.

속뜻단어
풀　　이
- **가지 (支 가지 지)** | [branch] : 원줄기에서 갈라져 뻗은 줄기. 가지를 꺾지 마시오.
- **열매 (果, 열매 과; 實, 열매 실)** | [fruit] : 식물이 수정하여 씨방이 자라서 된 것. 올해는 사과나무에 열매가 적게 열렸다. (비)과실(果實), 실과(實果).

6절 사람이 내 안에 거하지 아니하면 가지처럼 밖에 버려져 마르나니 사람들이 그것을 모아다가 불에 던져 사르느니라.

7절 너희가 내 안에 거하고 내 말이 너희 안에 거하면 무엇이든지 원하는 대로 구하라. 그리하면 이루리라.

8절 너희가 열매를 많이 맺으면 내 아버지께서 영광을 받으실 것이요 너희는 내 제자가 되리라.

속뜻단어 풀이

• **사르다** | [throw into the fire, burn] ❶ 불에 태워 없애다. ❷ 어떤 것을 남김없이 없애 버리다.

• **이루다** (成, 이룰 성) | [make; form; achieve; accomplish] ❶ 어떤 상태나 결과가 되게 하다. 가족을 이루다 / 그의 목소리는 피아노와 조화를 이루었다. ❷ 뜻한 대로 되게 하다. 그는 마침내 자신의 꿈을 이루었다.

年　　월　　일

9절 아버지께서 나를 사랑하신 것
같이 나도 너희를 사랑하였으니 나의
사랑 안에 거하라.
10절 내가 아버지의 계명을 지켜 그
의 사랑 안에 거하는 것 같이 너희도
내 계명을 지키면 내 사랑 안에 거하
리라.
11절 내가 이것을 너희에게 이름은
내 기쁨이 너희 안에 있어 너희 기쁨
을 충만하게 하려 함이라.

속뜻단어풀이

• **충만 充滿** | 채울 충, 넘칠 만 [full] : 넘치도록[滿] 가득 채움[充]. 마음에 기쁨이 충만하다 / 그 안내서는 유익한 기사로 충만하다.

12절 내 계명은 곧 내가 너희를 사랑한 것 같이 너희도 서로 사랑하라 하는 이것이니라.

13절 사람이 친구를 위하여 자기 목숨을 버리면 이보다 더 큰 사랑이 없나니

14절 너희는 내가 명하는 대로 행하면 곧 나의 친구라.

15절 이제부터는 너희를 종이라 하지 아니하리니 종은 주인이 하는 것을 알

속뜻단어 풀이
• **친구 親舊** | 친할 친, 오래 구 [friend] : 친(親)하게 오래도록[舊] 사귄 사람. 그는 나의 둘도 없는 친구다. (비)벗.
• **종: (奴, 종 노)** | [servant] : 남의 집에서 대대로 천한 일을 하던 사람. 종 부리듯이 일을 시키다. (비)노비(奴婢).

지 못함이라. 너희를 천구라 하였노니
내가 내 아버지께 들은 것을 다 너희
에게 알게 하였음이라.
　16절 너희가 나를 택한 것이 아니요
내가 너희를 택하여 세웠나니 이는 너
희로 가서 열매를 맺게 하고 또 너희
열매가 항상 있게 하여 내 이름으로
아버지께 무엇을 구하든지 다 받게 하
려 함이라.
　17절 내가 이것을 너희에게 명함은

속뜻단어
풀이
• 택-하다 (擇—, 가릴 택) | [choose; pick out of] : 여럿 중 가려서[擇] 고르다. 선택하다. 그는 불명예보다 차라리 죽음을 택했다.
• 세우다 (建, 세울 건) | [stand; build; stop] ❶ 눕거나 넘어진 것을 바로 서게 하다. 일으켜 서게 하다. 허리를 꼿꼿이 세우고 앉다. ❷ 건물이나 시설을 짓다. 고아원을 세우다. ❸ 움직이거나 가는 것을 멈추어 서게 하다. 차를 세우다. ❹ 칼날 같은 것의 날을 날카롭게 하다. 칼날을 세우다. (비)수립(堅立)하다, 일으키다, 건축(建築)하다, 설립(設立)하다.

너희로　　서로　　사랑하게　　하려　　함이라.

　　18절　　세상이　　너희를　　미워하면　　너희보

다　　먼저　　나를　　미워한　　줄을　　알라.

　　19절　　너희가　　세상에　　속하였으면　　세상

이　　자기의　　것을　　사랑할　　것이나　　너희는

세상에　　속한　　자가　　아니요　　도리어　　내가

너희를　　세상에서　　택하였기　　때문에　　세상

이　　너희를　　미워하느니라.

　　20절　　내가　　너희에게　　종이　　주인보다

더　　크지　　못하다　　한　　말을　　기억하라.

속뜻단어 풀이

- **속-하다 (屬―, 엮을 속)** | [belong to; be affiliated with the party] : 무엇에 관계되어 [屬] 딸리다. 고래는 포유류에 속한다.
- **도리어** | [on the contrary; instead] : 예상이나 기대 또는 일반적인 생각과는 반대되거나 다르게. 낫기는커녕 도리어 병세가 악화되었다. (비)오히려, 되려.

사람들이 나를 박해하였은즉 너희도 박
해할 것이요 내 말을 지켰은즉 너희
말도 지킬 것이라.

21절 그러나 사람들이 내 이름으로
말미암아 이 모든 일을 너희에게 하리
니 이는 나를 보내신 이를 알지 못함
이라.

22절 내가 와서 그들에게 말하지 아
니하였더라면 죄가 없었으려니와 지금은
그 죄를 핑계할 수 없느니라.

속뜻단어 풀이
• **박해 迫害** | 다그칠 박, 해칠 해 [oppress; persecute] ❶ 속뜻 다그쳐[迫] 해(害)를 입힘. ❷ 못살게 굴어 해롭게 함. 천주교 신도를 박해하다.
• **핑계** | [excuse; pretext] : 잘못된 일에 대해 다른 일의 탓으로 둘러대는 변명. 그는 바쁘다는 핑계로 모임에 나오지 않았다. (비)구실(口實).
　속담 핑계 없는 무덤이 없다.

23절　나를　미워하는　자는　또　내　아
버지를　미워하느니라.

24절　내가　아무도　못한　일을　그들
중에서　하지　아니하였더라면　그들에게
죄가　없었으려니와　지금은　그들이　나와
내　아버지를　보았고　또　미워하였도다.

25절　그러나　이는　그들의　율법에　기
록된　바　그들이　이유　없이　나를　미워
하였다　한　말을　응하게　하려　함이라.

26절　내가　아버지께로부터　너희에게

240
요한
복음
15장

속뜻단어
풀이
• 율법 律法 | 법칙 률, 법 법 [law; rule] ❶ 속뜻 규범[律]과 법[法]. ❷ 기독교 하나님이 인간에게 지키도록 내린 규범을 이르는 말.
• 이:유 理由 | 이치 리, 까닭 유 [reason; cause] : 어떤 이치(理致)가 생겨난 까닭[由]. 원인이나 근거. 지각한 이유가 뭐니?

보낼 보혜사 곧 아버지께로부터 나오시
는 진리의 성령이 오실 때에 그가 나
를 증언하실 것이요
　 27절 너희도 처음부터 나와 함께 있
었으므로 증언하느니라.

속뜻단어
풀이

- **진리 眞理** | 참 진, 이치 리 [truth; fact] : 참된[眞] 이치(理致). 또는 참된 도리. 그 진리를 깨닫는 데 오랜 시간이 걸렸다.
- **증언 證言** | 증거 증, 말씀 언 [testify; attest] ❶ **법률** 증인(證人)으로서 사실을 말함[言]. 또는 그런 말. 목격자의 증언을 듣다 / 범인은 붉은 셔츠를 입었다고 증언했다.

1. 아래의 빈 칸을 채우면서, 기도하는 것과 예수님의 제자로서 많은 열매를 맺는

　 생활과의 관계에 대해 생각해보세요.

　 (7-8절)

　 "너희가 (　　　　　　) 안에 거하고, 내 (　　　　　　)이 너희 안에 거하면 무엇이든지 원하는 대로 구

　 하라. 그리하면 이루리라. 너희가 (　　　　　)(　　　　　　　　)를 많이 맺으면 내 아버지께서 영광을 받

　 으실 것이요, 너희는 내 (　　　　　)(　　　　　)가 되리라."

2. 우리가 이 세상에 살지만, 우리는 이제 더 이상 이 세상에 속하지 않은 사람들이라고

　 예수님은 말씀하십니다. 그 증거로서, 세상 사람들은 우리 믿는 사람들을 어떻게 대할

　 것입니까? (19-20절)

　 답 :

요한복음 이해문제

제 16 장

1 절 내가 이것을 너희에게 이름은

너희로 실족하지 않게 하려 함이니

2 절 사람들이 너희를 출교할 뿐 아

니라 때가 이르면 무릇 너희를 죽이는

자가 생각하기를 이것이 하나님을 섬기

는 일이라 하리라.

3 절 그들이 이런 일을 할 것은 아

버지와 나를 알지 못함이라.

4 절 오직 너희에게 이 말을 한 것

속뜻단어 풀이
• **실족 失足** | 잃을 실, 발 족 [lose(miss) one's footing] ❶ **속뜻** 발[足]을 잘못 디딤[失]. ❷ 행동을 잘못함.
• **출교 黜教** | 내쫓을 출, 종교 교 [excommunication] **기독교** 잘못을 저지른 교인을 교적(教籍)에서 삭제하여 내쫓음[黜].

은 너희로 그 때를 당하면 내가 너희

에게 말한 이것을 기억나게 하려 함이

요 처음부터 이 말을 하지 아니한 것

은 내가 너희와 함께 있었음이라.

　5절 지금 내가 나를 보내신 이에게

로 가는데 너희 중에서 나더러 어디로

가는지 묻는 자가 없고

　6절 도리어 내가 이 말을 하므로

너희 마음에 근심이 가득하였도다.

　7절 그러나 내가 너희에게 실상을

속뜻단어
풀   이

• **기억 記憶** | 기록할 기, 생각할 억 [remember] : 지난 일을 적어두어 [記] 잊지 않고 생각해냄 [憶]. 내 기억이 틀림없다. (반)망각 (忘却).

• **실상 實狀** | 실제 실, 형상 상 [real situation] : 실제(實際)의 상태(狀態). 실제의 상황. 그는 겉으로는 행복해 보이지만 실상은 그렇지 않다.

말하노니 내가 떠나가는 것이 너희에게

유익이라. 내가 떠나가지 아니하면 보

혜사가 너희에게로 오시지 아니할 것이

요 가면 내가 그를 너희에게로 보내리

니

8절 그가 와서 죄에 대하여, 의에

대하여, 심판에 대하여 세상을 책망하

시리라.

9절 죄에 대하여라 함은 그들이 나

를 믿지 아니함이요

속뜻단어 풀이
- **의: 義** | 옳을 의 [justice; morality] : 사람으로서 행하여야 할 바른 도리. 그는 의를 지키기 위해 목숨을 바쳤다. (반)불의(不義).
- **책망 責望** | 꾸짖을 책, 바랄 망 [scold; reproach] : 잘못을 들어 꾸짖고[責] 원망(怨望)함. 또는 그 일. 어머니는 친구와 싸운 아들을 심하게 책망
하셨다.

10절 의에 대하여라 함은 내가 아버지께로 가니 너희가 다시 나를 보지 못함이요

11절 심판에 대하여라 함은 이 세상 임금이 심판을 받았음이라.

12절 내가 아직도 너희에게 이를 것이 많으나 지금은 너희가 감당하지 못하리라.

13절 그러나 진리의 성령이 오시면 그가 너희를 모든 진리 가운데로 인도

속뜻단어
풀   이

• **감당 堪當** | 견딜 감, 당할 당 [charge] : 능히 맡아서 [堪] 당해 냄 [當]. 내 힘으로는 감당할 수 없는 일이다.
• **인도 引導** | 끌 인, 이끌 도 [guidance] ❶ 속뜻 이끌어 [引=導] 줌. ❷ 가르쳐 일깨움. 그는 비행청소년을 바른 길로 인도했다. ❸ 길을 안내함.

하시리니 그가 스스로 말하지 않고 오

직 들은 것을 말하며 장래 일을 너희

에게 알리시리라.

14절 그가 내 영광을 나타내리니 내

것을 가지고 너희에게 알리시겠음이라.

15절 무릇 아버지께 있는 것은 다

내 것이라. 그러므로 내가 말하기를

그가 내 것을 가지고 너희에게 알리시

리라 하였노라.

16절 조금 있으면 너희가 나를 보지

속뜻단어
풀 이

• **장래 將來** | 앞으로 장, 올 래 [future] ❶ **속뜻** 앞으로[將] 닥쳐 올[來] 날. 장래 희망. ❷ 앞날의 전망이나 전도. 그는 장래가 불확실하다. (비)앞날, 미래(未來).

• **무릇 (凡, 무릇 범)** | [generally speaking] : 종합하여 살펴보건대. 대체로 보아. (비)대범(大凡), 대저(大抵).

못	하	겠	고		또		조	금		있	으	면		나	를		보	리	라
하	시	니																	
	17	절		제	자		중	에	서		서	로		말	하	되		우	리
에	게		말	씀	하	신		바		조	금		있	으	면		나	를
보	지		못	하	겠	고		또		조	금		있	으	면		나	를
보	리	라		하	시	며		또		내	가		아	버	지	께	로		감
이	라		하	신		것	이		무	슨		말	씀	이	냐		하	고
	18	절		또		말	하	되		조	금		있	으	면	이	라		하
신		말	씀	이		무	슨		말	씀	이	냐	?		무	엇	을		말
씀	하	시	는	지		알	지		못	하	노	라		하	거	늘		

 속뜻단어 풀이 • **제:자 弟子** | 아우 제, 아이 자 [disciple; follower] ❶ **속뜻** 아우[弟]나 자식[子]같은 사람. ❷ 스승의 가르침을 받거나 받은 사람. 스승의 날이면 제자들이 찾아온다. (반)스승.

19절 예수께서 그 묻고자 함을 아시고 이르시되 내 말이 조금 있으면 나를 보지 못하겠고 또 조금 있으면 나를 보리라 하므로 서로 문의하느냐? 20절 내가 진실로 진실로 너희에게 이르노니 너희는 곡하고 애통하겠으나 세상은 기뻐하리라. 너희는 근심하겠으나 너희 근심이 도리어 기쁨이 되리라. 21절 여자가 해산하게 되면 그 때가 이르렀으므로 근심하나 아기를 낳으면

속뜻단어풀이

- **문:의 問議** | 물을 문, 의논할 의 [inquire] : 물어서[問] 의논(議論)함. 문의사항 / 전화 문의.
- **애통 哀痛** | 슬플 애, 아플 통 [grieve; lament] : 슬퍼서[哀] 가슴이 아플[痛] 정도임. 유가족들은 애통에 빠졌다 / 아이가 실종되었다니 정말 애통한 일입니다.
- **해:산 解産** | 풀 해, 낳을 산 [give birth to a baby] : 몸을 풀어[解] 아이를 낳음[産]. 해산의 고통 / 무사히 여아를 해산했다. (비)분만(分娩).

세상에　사람　난　기쁨으로　말미암아　그

고통을　다시　기억하지　아니하느니라.

　22절　지금은　너희가　근심하나　내가

다시　너희를　보리니　너희　마음이　기쁠

것이요　너희　기쁨을　빼앗을　자가　없으

리라.

　23절　그　날에는　너희가　아무　것도

내게　묻지　아니하리라.　　내가　진실로

진실로　너희에게　이르노니　너희가　무엇

이든지　아버지께　구하는　것을　내　이름

속뜻단어
풀　　이

• 고통 苦痛 | 괴로울 고, 아플 통 [pain; agony] : 몸이나 마음이 괴롭고[苦] 아픔[痛]. 고통을 견디다. (반)쾌락(快樂).
• 근심 (患, 근심 환; 愁, 근심 수; 憂, 근심 우) | [anxiety; worry] : 괴롭게 애를 태우거나 불안해하는 마음. 그녀는 근심이 있다. (비)걱정.

으로　주시리라.

　　24절　지금까지는　너희가　내　이름으로

아무　것도　구하지　아니하였으나　구하라.

그리하면　받으리니　너희　기쁨이　충만하

리라.

　　25절　이것을　비유로　너희에게　일렀거

니와　때가　이르면　다시는　비유로　너희

에게　이르지　않고　아버지에　대한　것을

밝히　이르리라.

　　26절　그　날에　너희가　내　이름으로

- 비:유 比喩 | 견줄 비, 고할 유 [liken to; compare to] : 어떤 사물의 모양이나 상태 등을 보다 효과적으로 표현하기 위하여 그것과 비슷한 다른 사물에 빗대어[比] 표현함[喩]. 양은 착한 사람에 대한 비유로 쓰인다.
- 충만 充滿 | 채울 충, 넘칠 만 [full] : 넘치도록[滿] 가득 채움[充]. 마음에 기쁨이 충만하다 / 그 안내서는 유익한 기사로 충만하다.

구할 것이요 내가 너희를 위하여 아버

지께 구하겠다 하는 말이 아니니

27절 이는 너희가 나를 사랑하고 또

내가 하나님께로부터 온 줄 믿었으므로

아버지께서 친히 너희를 사랑하심이라.

28절 내가 아버지에게서 나와 세상에

왔고 다시 세상을 떠나 아버지께로 가

노라 하시니

29절 제자들이 말하되 지금은 밝히

말씀하시고 아무 비유로도 하지 아니하

- **구-하다(求―, 구할 구)** | [look for; search for] ❶ 무엇을 손에 넣으려고 찾다[求]. 또는 그렇게 하여 얻다. 해답을 구하다 / 직업을 구하다. ❷ 바라다. 양해를 구하다. 물건을 사다. ❸ 물건을 사다. 그런 물건은 구하기 어렵다.
- **사랑 (愛, 사랑 애)** | [love] ❶ 이성의 상대에게 끌려 열렬히 좋아하는 마음. 또는 그 마음의 상태. 사랑에 빠지다 / 그녀는 남편을 사랑한다. ❷ 아끼고 위하는 따뜻한 마음. 부모님의 사랑 / 제자를 사랑하는 스승의 마음. ❸ 어떤 사물이나 대상을 몹시 아끼고 귀중히 여기는 마음.

시니

30절　우리가　지금에야　주께서　모든

것을　아시고　또　사람의　물음을　기다리

시지　않는　줄　아나이다.　이로써　하나

님께로부터　나오심을　우리가　믿사옵나이

다.

31절　예수께서　대답하시되　이제는　너

희가　믿느냐?

32절　보라!　너희가　다　각각　제　곳

으로　흩어지고　나를　혼자　둘　때가　오

속뜻단어 풀이
- **물음** | [question; inquiry] : 묻는 일. 또는 묻는 말. 다음 물음에 답하시오. (반)답(答), 대답(對答).
- **흩다** | [scatter (about); strew; disperse] : 한데 모였던 것을 헤쳐 다 각각 떨어지게 하다. 책을 여기저기 흩어 놓다.

나니　벌써　왔도다.　　그러나　내가　혼자

있는　것이　아니라　아버지께서　나와　함

께　계시느니라.

　　33절　이것을　너희에게　이르는　것은

너희로　내　안에서　평안을　누리게　하려

함이라.　　세상에서는　너희가　환난을　당

하나　담대하라.　　내가　세상을　이기었노

라.

속뜻단어
풀　　이

• **환:난 患難** | 근심 환, 어려울 난 [hardships; distress; misfortune] : 근심[患]과 재난(災難). 환난을 겪다 / 환난을 극복하다.
• **담대 膽大** | 쓸개 담, 클 대 [bold; intrepid] ❶ 담력(膽力)이 큼[大]. ❷ 겁이 전혀 없고 배짱이 두둑함. 그의 담대함에 놀랐다. (비)대담(大膽)하다.

1. 또 다른 보혜사이신 성령님이 우리에게 오시면, 그분은 어떤 일을 하실 건가요?

(7-8절)

답 :

2. 우리와 예수님과의 관계 때문에 우리의 기도를 하나님이 들어주신답니다.

빈 칸에 들어갈 말씀은 무엇인가요?

(24절) "지금까지는 너희가 내 (   )(   )으로 아무 것도 구하지 아니하였으나,

(   )하라. 그리하면 받으리니, 너희 (   )(   )이 충만하리라."

요한복음 이해문제

제17장

1절　예수께서　이　말씀을　하시고　눈을　들어　하늘을　우러러　이르시되　아버지여,　때가　이르렀사오니　아들을　영화롭게　하사　아들로　아버지를　영화롭게　하게　하옵소서.

2절　아버지께서　아들에게　주신　모든　사람에게　영생을　주게　하시려고　만민을　다스리는　권세를　아들에게　주셨음이로소이다.

속뜻단어
풀이
• **영화 榮華** | 꽃 영, 꽃 화 [glory] ❶ 속뜻 꽃[榮=華]처럼 빛나는 영광. ❷ 세상에 드러나는 영광. ❸ 권력과 부귀를 마음껏 누리는 일.
• **만:민 萬民** | 일만 만, 백성 민 [all the people] : 모든[萬] 백성[民]. 또는 사람들. (비)만성(萬姓), 만인(萬人), 조서(兆庶).

　3절　영생은　곧　유일하신　참　하나님
과　그가　보내신　자　예수　그리스도를
아는　것이니이다.
　4절　아버지께서　내게　하라고　주신
일을　내가　이루어　아버지를　이　세상에
서　영화롭게　하였사오니
　5절　아버지여,　창세　전에　내가　아
버지와　함께　가졌던　영화로써　지금도
아버지와　함께　나를　영화롭게　하옵소서.
　6절　세상　중에서　내게　주신　사람들

**속뜻단어
풀　이**

- 유일 唯一 | 오직 유, 한 일 [single; unique; solitary; sole] : 오직 [唯] 하나 [一] 밖에 없음. 언니가 유일한 나의 혈육이다.
- 창：세 創世 | 처음 창, 세상 세 [creation of the world] : 맨 처음 [創] 세상 (世上).

에게 내가 아버지의 이름을 나타내었나

이다. 그들은 아버지의 것이었는데 내

게 주셨으며 그들은 아버지의 말씀을

지키었나이다.

7절 지금 그들은 아버지께서 내게

주신 것이다 아버지로부터 온 것인

줄 알았나이다.

8절 나는 아버지께서 내게 주신 말

씀들을 그들에게 주었사오며 그들은 이

것을 받고 내가 아버지께로부터 나온

258
요한
복음
17장

속뜻단어 풀이 • 아버지 (父, 아버지 부) | [father; my husband] : 자기를 낳아 준 남자를 이르거나 부르는 말. (비)부친(父親). (반)어머니.

줄을 참으로 아오며 아버지께서 나를

보내신 줄도 믿었사옵나이다.

9절 내가 그들을 위하여 비옵나니

내가 비옵는 것은 세상을 위함이 아니

요 내게 주신 자들을 위함이니이다.

그들은 아버지의 것이로소이다.

10절 내 것은 다 아버지의 것이요

아버지의 것은 내 것이온데 내가 그들

로 말미암아 영광을 받았나이다.

11절 나는 세상에 더 있지 아니하오

속뜻단어풀이

- **세: 상 世上** | 세간 세, 위 상 [world; society] ❶ 속뜻 사람들[世]이 살고 있는 지구 위[上]. ❷ 인간이 활동하거나 생활하고 있는 사회. 그는 세상이 어떻게 돌아가는지 모른다. ❸ 제 마음대로 판을 치며 자유롭게 활동할 수 있는 무대. 여기는 완전히 내 세상이다.
- **영광 榮光** | 영화 영, 빛 광 [glory] : 영화(榮華)롭게 빛[光]남. 또는 그러한 영예. 이 영광을 부모님께 돌리겠습니다 / 학교 대표로 뽑힌 것이 영광스럽다.

나　그들은　세상에　있사옵고　나는　아버
지께로　가옵나니　거룩하신　아버지여,
내게　주신　아버지의　이름으로　그들을
보전하사　우리와　같이　그들도　하나가
되게　하옵소서.

12절　내가　그들과　함께　있을　때에
내게　주신　아버지의　이름으로　그들을
보전하고　지키었나이다.　그　중의　하나
도　멸망하지　않고　다만　멸망의　자식뿐
이오니　이는　성경을　응하게　함이니이다.

속뜻단어
풀이

• **거룩** | [holy] : 히브리어로 '코데쉬' 는 '잘라냄, 분리함' 을 의미하는 말로 더러움과 분리된 상태를 말한다. 거룩은 하나님께만 있는 성품으로 모든 피조물과 완전히 다르게 구별되심을 말한다.
• **보:전 保全** | 지킬 보, 온전할 전 [preserve intact] : 온전하게[全] 잘 지킴[保]. 환경 보전.

13절 지금 내가 아버지께로 가오니

내가 세상에서 이 말을 하옵는 것은

그들로 내 기쁨을 그들 안에 충만히

가지게 하려 함이니이다.

14절 내가 아버지의 말씀을 그들에게

주었사오매 세상이 그들을 미워하였사오

니 이는 내가 세상에 속하지 아니함

같이 그들도 세상에 속하지 아니함으로

인함이니이다.

15절 내가 비옵는 것은 그들을 세상

 속뜻단어풀이 • 충만 充滿 | 채울 충, 넘칠 만 [full] : 넘치도록[滿] 가득 채움[充]. 마음에 기쁨이 충만하다 / 그 안내서는 유익한 기사로 충만하다.

에서 데려가시기를 위함이 아니요 다만

악에 빠지지 않게 보전하시기를 위함이

니이다.

16절 내가 세상에 속하지 아니함 같

이 그들도 세상에 속하지 아니하였사옵

나이다.

17절 그들을 진리로 거룩하게 하옵소

서. 아버지의 말씀은 진리니이다.

18절 아버지께서 나를 세상에 보내신

것 같이 나도 그들을 세상에 보내었고

속뜻단어 풀이
• **다:만 (但, 다만 단)** | [only; just] : 오직 그뿐. 다만 죽음이 있을 뿐. (비) 오직, 오로지, 단지(但只).
• **악 惡** | 악할 악 [evil] : 인간의 도덕적 기준에 어긋나 나쁨. 또는 그런 것. 선과 악. (반) 선(善).

19절 또 그들을 위하여 내가 나를

거룩하게 하오니 이는 그들도 진리로

거룩함을 얻게 하려 함이니이다.

20절 내가 비옵는 것은 이 사람들만

위함이 아니요 또 그들의 말로 말미암

아 나를 믿는 사람들도 위함이니

21절 아버지여, 아버지께서 내 안에,

내가 아버지 안에 있는 것 같이 그들

도 다 하나가 되어 우리 안에 있게

하사 세상으로 아버지께서 나를 보내신

• 하나 (一, 한 일) | [one; single; unity] ❶ 수효를 세는 맨 처음 수. 일(一). 하나 더하기 셋은 넷이다. ❷ 여럿 중의 한 예. 셋 중 하나를 선택하세요. ❸ 일치하거나 한 덩어리인 것. 온 국민이 하나가 되어 선수들을 응원했다. ❹ 오직 그것뿐. 그녀는 자식 하나만 믿고 살았다. 　속담　 하나를 듣고 열을 안다.

것을　믿게　하옵소서.

　22절　내게　주신　영광을　내가　그들에

게　주었사오니　이는　우리가　하나가　된

것　같이　그들도　하나가　되게　하려　함

이니이다.

　23절　곧　내가　그들　안에　있고　아버

지께서　내　안에　계시어　그들로　온전함

을　이루어　하나가　되게　하려　함은　아

버지께서　나를　보내신　것과　또　나를

사랑하심　같이　그들도　사랑하신　것을

속뜻단어
풀　이

• 곤 | [at once; straightway] : 그 때를 놓치지 않고 바로. 곧 떠나라. (비)즉시(卽時).

• 온:전 穩全 | 평온할 온, 온전할 전 [be intact] ❶ 속뜻 평온(平穩)하고 완전(完全)하다. ❷ 본바탕대로 고스란히 다 있다. 온전한 그릇이 하나도 없다. ❸ 잘못된 것이 없이 바르거나 옳다. 정신이 온전한 사람이라면 그런 짓을 할 리가 없다.

세상으로 알게 하려 함이로소이다.

24절 아버지여, 내게 주신 자도 나 있는 곳에 나와 함께 있어 아버지께서 창세 전부터 나를 사랑하시므로 내게 주신 나의 영광을 그들로 보게 하시기를 원하옵나이다.

25절 의로우신 아버지여, 세상이 아버지를 알지 못하여도 나는 아버지를 알았사옵고 그들도 아버지께서 나를 보내신 줄 알았사옵나이다.

속뜻단어 풀이
• 창: 세 創世 | 처음 창, 세상 세 [creation of the world] : 맨 처음[創] 세상(世上).
• 의:-롭다 (義—, 옳을 의) | [rightful; righteous] : 떳떳하고 옳다[義]. 의로운 죽음.

26절 내가 아버지의 이름을 그들에게 알게 하였고 또 알게 하리니 이는 나를 사랑하신 사랑이 그들 안에 있고 나도 그들 안에 있게 하려 함이니이다.

1. 예수님은 '영생'이 무엇이라고 말씀하시나요? (3절)

답 :

　　* 여기에서 "안다"라는 말씀은 믿음을 통하여 하나님과 친밀한 관계를 맺음으로써

　　그분의 사랑과 인도하심을 경험하고 누리게 된다는 뜻입니다.

2. 예수님이 우리의 '구원자'로서 하나님 아버지께 간구하신 두 가지 중요한 내용이

무엇인지 빈 칸을 채우면서 찾아보세요.

답 : (15-17절) "내가 비옵는 것은 그들을 세상에서 데려가시기를 위함이 아니요,

　　다만 (　　　　)에 빠지지 않게 보전하시기를 위함이니이다. 그들을

　　(　　　)(　　　)로 거룩하게 하옵소서. 아버지의 (　　　)(　　　)은 진리니이다."

　　(21절) "아버지여, 아버지께서 내 안에, 내가 아버지 안에 있는 것같이, 그들도

　　다 (　　　)(　　　)가 되어 우리 안에 있게 하사 세상으로 아버지께서 나를

　　보내신 것을 (　　　)(　　　)하옵소서."

요한복음 이해문제

제 18 장

1절 예수께서 이 말씀을 하시고 제
자들과 함께 기드론 시내 건너편으로
나가시니 그 곳에 동산이 있는데 제자
들과 함께 들어가시니라.

2절 그 곳은 가끔 예수께서 제자들
과 모이시는 곳이므로 예수를 파는 유
다도 그 곳을 알더라.

3절 유다가 군대와 대제사장들과 바
리새인들에게서 얻은 아랫사람들을 데리

속뜻단어
풀   이
• 시: 내 | [rivulet; stream] : 산골짜기나 평지에서 흐르는 자그마한 내. 산 아래로는 맑은 시내가 굽이쳐 흐른다.
• 동산 (園, 동산 원) | [garden; hill] : 집이나 마을 부근에 있는 작은 산이나 언덕. 동산 위로 달이 떠올랐다.

고 등과 횃불과 무기를 가지고 그리로

오는지라.

　4절 예수께서 그 당할 일을 다 아

시고 나아가 이르시되 너희가 누구를

찾느냐?

　5절 대답하되 나사렛 예수라 하거늘

이르시되 내가 그니라 하시니라. 그를

파는 유다도 그들과 함께 섰더라.

　6절 예수께서 그들에게 내가 그니라

하실 때에 그들이 물러가서 땅에 엎드

• **횃-불** | [torchlight; torch] : 홰에 켠 불. 횃불을 들다.
• **무:기 武器** | 굳셀 무, 그릇 기 [weapon] ❶ 속뜻 무력(武力)에 사용하는 각종 병기(兵器). ❷ '어떤 일을 하거나 이루기 위한 중요한 수단이나 도구'를 비유하여 이르는 말. 눈물을 무기로 삼는다.

러지는지라.

7절　이에　다시　누구를　찾느냐고　물

으신대　그들이　말하되　나사렛　예수라

하거늘

8절　예수께서　대답하시되　너희에게

내가　그니라　하였으니　나를　찾거든　이

사람들이　가는　것은　용납하라　하시니

9절　이는　아버지께서　내게　주신　자

중에서　하나도　잃지　아니하였사옵나이다

하신　말씀을　응하게　하려　함이러라.

속뜻단어
풀이

• 용납 容納 | 담을 용, 들일 납 [tolerate; permit] : 너그러운 마음으로 포용(包容)하여 받아들임 [納]. 너의 그런 무례한 행동은 도저히 용납할 수 없다.

10절 이에 시몬 베드로가 칼을 가졌

는데 그것을 빼어 대제사장의 종을 쳐

서 오른편 귀를 베어버리니 그 종의

이름은 말고라.

11절 예수께서 베드로더러 이르시되

칼을 칼집에 꽂으라. 아버지께서 주신

잔을 내가 마시지 아니하겠느냐 하시니

라.

12절 이에 군대와 천부장과 유대인의

아랫사람들이 예수를 잡아 결박하여

271
요한
복음
18장

 속뜻단어 풀이

• **천부장 千夫長** | 천 천, 사나이 부, 길 장 [commander of thousand] : 재판관 또는 군사지도자 가운데 하나로, 천명의 부하를 둔 군대의 지휘관을 말함.
• **결박 結縛** | 맺을 결, 묶을 박 [bind; tie] : 움직이지 못하게 단단히 매듭을 지어 [結] 묶음 [縛]. 형사는 범인을 결박하였다. (비)포박(捕縛).

13절 먼저 안나스에게로 끌고 가니
안나스는 그 해의 대제사장인 가야바의
장인이라.

14절 가야바는 유대인들에게 한 사람
이 백성을 위하여 죽는 것이 유익하다
고 권고하던 자리라.

15절 시몬 베드로와 또 다른 제자
한 사람이 예수를 따르니 이 제자는
대제사장과 아는 사람이라. 예수와 함
께 대제사장의 집 뜰에 들어가고

속뜻단어
풀이

- **장인 丈人** | 어른 장, 사람 인 [wife's father] : 아내의 친정 어른[丈]이 되는 사람[人]. 아내의 아버지.
- **권:고 勸告** | 타이를 권, 알릴 고 [advise; counsel] : 타이르고[勸] 알려 줌[告]. 또는 그런 말. 금연을 권고하다. (비)충고(忠告). (반)만류(挽留).
- **뜰 (庭, 뜰 정)** | [garden; yard] : 집 안의 앞뒤, 혹은 좌우로 가까이 있는 평평한 땅. (비)마당, 정원(庭園).

16절　베드로는　문　밖에　서　있는지라

대제사장을　아는　그　다른　제자가　나가

서　문　지키는　여자에게　말하여　베드로

를　데리고　들어오니

17절　문　지키는　여종이　베드로에게

말하되　너도　이　사람의　제자　중　하나

가　아니냐　하니　그가　말하되　나는　아

니라　하고

18절　그　때가　추운　고로　종과　아랫

사람들이　불을　피우고　서서　쬐니　베드

속뜻단어
풀이
• 여종 (女-종) | 여자 녀, 奴 종 노 [a female slave] : 여자 종.
• 종: (奴, 종 노) | [servant] : 남의 집에서 대대로 천한 일을 하던 사람. 종 부리듯이 일을 시키다. (비)노비(奴婢).

로도　함께　서서　쬐더라.

　19절　대제사장이　예수에게　그의　제자

들과　그의　교훈에　대하여　물으니

　20절　예수께서　대답하시되　내가　드러

내　놓고　세상에　말하였노라.　모든　유

대인들이　모이는　회당과　성전에서　항상

가르쳤고　은밀하게는　아무　것도　말하지

아니하였거늘

　21절　어찌하여　내게　묻느냐?　내가

무슨　말을　하였는지　들은　자들에게　물

**속뜻단어
풀　이**

• **교: 훈 教訓** | 가르칠 교, 가르칠 훈 [teaching; instruction] : 앞으로의 행동이나 생활에 지침이 될 만한 가르침[教=訓]. 실패는 그에게 교훈이 되었다.
• **회: 당 會堂** | 모일 회, 집 당 [hall; a synagogue] ❶ **속뜻** 여러 사람이 모일[會] 수 있도록 마련된 집[堂]. 회관(會館). ❷ **기독교** 예배당(禮拜堂).
• **은밀 隱密** | 숨길 은, 몰래 밀 [secret; covert] : 숨어서[隱] 몰래[密]. 또는 남몰래. 그는 나에게 은밀히 말했다.

어 보라! 그들이 내가 하던 말을 아느니라.

22절 이 말씀을 하시매 곁에 섰던 아랫사람 하나가 손으로 예수를 쳐 이르되 네가 대제사장에게 이같이 대답하느냐 하니

23절 예수께서 대답하시되 내가 말을 잘못하였으면 그 잘못한 것을 증언하라. 바른 말을 하였으면 네가 어찌하여 나를 치느냐 하시더라.

속뜻단어 풀이
- **곁 (側, 곁 측; 傍, 곁 방)** | [side; neighborhood] : 가까운 데. 내 곁에 앉아라. (비)근방(近傍), 근처(近處).
- **증언 證言** | 증거 증, 말씀 언 [testify; attest] ❶ **법률** 증인(證人)으로서 사실을 말함[言]. 또는 그런 말. 목격자의 증언을 듣다 / 범인은 붉은 셔츠를 입었다고 증언했다.

24절 안나스가 예수를 결박한 그대로 대제사장 가야바에게 보내니라.

25절 시몬 베드로가 서서 불을 쬐더니 사람들이 묻되 너도 그 제자 중 하나가 아니냐? 베드로가 부인하여 이르되 나는 아니라 하니

26절 대제사장의 종 하나는 베드로에게 귀를 잘린 사람의 친척이라. 이르되 네가 그 사람과 함께 동산에 있는 것을 내가 보지 아니하였느냐?

속뜻단어풀이

• **부:인 否認** | 아닐 부, 알 인 [deny; negative] : 인정(認定)하지 않음[否]. 사실을 부인하다. (반)시인(是認).
• **친척 親戚** | 친할 친, 겨레 척 [relative] ❶ 속뜻 친족(親族)과 외척(外戚). ❷ 혈통이 아버지와 어머니와 배우자에 가까운 사람. 그는 내 먼 친척이다.

27절 이에 베드로가 또 부인하니 곧 닭이 울더라.

28절 그들이 예수를 가야바에게서 관정으로 끌고 가니 새벽이라. 그들은 더럽힘을 받지 아니하고 유월절 잔치를 먹고자 하여 관정에 들어가지 아니하더라.

29절 그러므로 빌라도가 밖으로 나가서 그들에게 말하되 너희가 무슨 일로 이 사람을 고발하느냐?

속뜻단어풀이

• **고:발 告發** | 알릴 고, 드러낼 발 [complain] ❶ 속뜻 잘못이나 비리 따위를 알려[告] 드러냄[發]. ❷ 피해자나 고소권자가 아닌 제삼자가 수사 기관에 범죄 사실을 신고하여 수사 및 범인의 기소를 요구하는 일. 경찰에 사기꾼을 고발하다.

• **관정 官廷** | 벼슬 관, 조정 정 [palace; Hall of Judgement] : 예수님의 재판이 이루어졌던 총독의 관저.

30절 대답하여 이르되 이 사람이 행악자가 아니었더라면 우리가 당신에게 넘기지 아니하였겠나이다.

31절 빌라도가 이르되 너희가 그를 데려다가 너희 법대로 재판하라. 유대인들이 이르되 우리에게는 사람을 죽이는 권한이 없나이다 하니

32절 이는 예수께서 자기가 어떠한 죽음으로 죽을 것을 가리켜 하신 말씀을 응하게 하려 함이러라.

- **행악 行惡** | 행할 행, 악할 악 [violence; wickedness] : 모질고 나쁜 짓을 행함. 또는 그런 행동.
- **재판 裁判** | 분별할 재, 판가름할 판 [administer justice; judge] ❶ 속뜻 옳고 그름을 분별하여[裁] 판단(判斷)함. ❷ 법률 구체적인 소송 사건을 해결하기 위하여 법원 또는 법관이 공권적 판단을 내리는 일. 형사재판 / 그 사건은 재판 중이다.
- **권한 權限** | 권리 권, 끝 한 [competence; competency] : 어떤 사람이나 기관의 권리(權利)나 권력(權力)이 미치는 범위[限]. (비)권리(權利).

33절 이에 빌라도가 다시 관정에 들어가 예수를 불러 이르되 네가 유대인의 왕이냐?

34절 예수께서 대답하시되 이는 네가 스스로 하는 말이냐? 다른 사람들이 나에 대하여 네게 한 말이냐?

35절 빌라도가 대답하되 내가 유대인이냐? 네 나라 사람과 대제사장들이 너를 내게 넘겼으니 네가 무엇을 하였느냐?

속뜻단어
풀이

• **왕 王** | 임금 왕 [king] : 군주 국가에서 가장 높은 지위와 가장 큰 권력을 가진 사람. (비)군주(君主), 국왕(國王), 임금. ▨속담 호랑이 없는 골에 토끼가 왕 노릇 한다.

• **대제사장 大祭司長** | 클 대/큰 대, 제사 제, 맡을 사, 어른 장 [chief priest; high priest] : 성막과 제사의 일을 담당했던 레위 지파와 제사장들 가운데 이스라엘 백성을 대표하고 제사에 관한 제반사항을 지휘했던 제사장직의 최고위자.

36절 예수께서 대답하시되 내 나라는
이 세상에 속한 것이 아니니라. 만일
내 나라가 이 세상에 속한 것이었더라
면 내 종들이 싸워 나로 유대인들에게
넘겨지지 않게 하였으리라. 이제 내
나라는 여기에 속한 것이 아니니라.
37절 빌라도가 이르되 그러면 네가
왕이 아니냐? 예수께서 대답하시되 네
말과 같이 내가 왕이니라. 내가 이를
위하여 태어났으며 이를 위하여 세상에

• **대:답 對答** | 대할 대, 답할 답 [answer; reply] ❶ 속뜻 묻는 말에 대(對)하여 답(答)함. 선생님의 질문에 대답했다. ❷ 어떤 문제를 푸는 실마리. 또는 그 해답. 잘 생각해보면 대답을 찾을 수 있다. (비)응답(應答), 답변(答辯), 해답(解答). (반)질문(質問).
• **만:일 萬一** | 일만 만, 한 일 [if; in case of] : 만(萬) 가운데 하나[一]. 거의 없는 것이나 매우 드물게 있는 일. 만일의 경우에 대비하다. (비)만약(萬若), 만혹(萬或).

왔나니 곧 진리에 대하여 증언하려 함이로라. 무릇 진리에 속한 자는 내 음성을 듣느니라 하신대 38절 빌라도가 이르되 진리가 무엇이냐 하더라. 이 말을 하고 다시 유대인들에게 나가서 이르되 나는 그에게서 아무 죄도 찾지 못하였노라. 39절 유월절이면 내가 너희에게 한 사람을 놓아 주는 전례가 있으니 그러면 너희는 내가 유대인의 왕을 너희에

• **음성 音聲** | 소리 음, 소리 성 [voice; tone] ❶ 속뜻 사람이 내는 소리[音]와 악기가 내는 소리[聲]. ❷ 언어 발음기관에서 생기는 음향. 음성변조 / 음성 메시지. (비)목소리.
• **전례 前例** | 앞 전, 법식 례 {precedent, previous example(instance)} ❶ 속뜻 이전(以前)부터 있었던 사례(事例). 유례(類例). ❷ 예로부터 전하여 내려오는 일 처리의 관습.

게 놓아 주기를 원하느냐 하니

40절 그들이 또 소리 질러 이르되

이 사람이 아니라 바라바라 하니 바라

바는 강도였더라.

속뜻단어
풀이

• **강:도** 强盜 | 억지 강, 훔칠 도 [robber] : 폭행이나 협박을 하여 억지로[强] 남의 금품을 빼앗는[盜] 일. 또는 그러한 도둑. 강도가 금고를 털었다.

1. 예수님이 체포되었을 때, 예수님께서 로마 군인들에게 요청한 것은 무엇이었나요?

   왜 그러셨나요? (8-9절)

   답 :

2. 빌라도가 "네가 유대인의 왕이냐"고 물었을 때, 예수님은 뭐라고 대답하셨나요?

   (36-37절)

   답 :

요한복음 이해문제

제 19 장

1절　이에　빌라도가　예수를　데려다가

채찍질하더라.

2절　군인들이　가시나무로　관을　엮어

그의　머리에　씌우고　자색　옷을　입히고

3절　앞에　가서　이르되　유대인의　왕

이여　평안할지어다　하며　손으로　때리더

라.

4절　빌라도가　다시　밖에　나가　말하

되　보라!　이　사람을　데리고　너희에게

- **관 冠** | 갓 관 [crown] 가시면류관 [crown of thorns] : 머리에 쓰는 모자의 일종.
- **엮다 (編, 엮을 편)** | [plait; edit] ❶ 노끈이나 새끼로 이리저리 여러 가닥으로 어긋나게 걸쳐 묶다. 유비는 돗자리를 엮어 팔던 사람이다. ❷ 책을 편찬하다. 그동안 써 놓은 작품을 책으로 엮었다. (비)짜다, 편찬(編纂)하다.
- **평안 平安** | 고를 평, 편안할 안 [be well; peaceful; tranquil] ❶ 【속뜻】 마음이 고르고[平] 편안(便安)함. ❷ 마음에 걱정이 없음. 평안히 지내다.

나오나니 이는 내가 그에게서 아무 죄

도 찾지 못한 것을 너희로 알게 하려

함이로라 하더라.

5절 이에 예수께서 가시관을 쓰고

자색 옷을 입고 나오시니 빌라도가 그

들에게 말하되 보라! 이 사람이로다

하매

6절 대제사장들과 아랫사람들이 예수

를 보고 소리 질러 이르되 십자가에

못 박으소서! 십자가에 못 박으소서

• **자: 색 紫色** | 자줏빛 자, 빛 색 [purple] : 자주(紫朱) 빛 [色]. 아이리스는 봄에 흰색, 자색의 꽃을 피운다.

하는지라.　빌라도가　이르되　너희가　친
히　데려다가　십자가에　못　박으라.　나
는　그에게서　죄를　찾지　못하였노라.
　7절　유대인들이　대답하되　우리에게
법이　있으니　그　법대로　하면　그가　당
연히　죽을　것은　그가　자기를　하나님의
아들이라　함이니이다.
　8절　빌라도가　이　말을　듣고　더욱
두려워하여
　9절　다시　관정에　들어가서　예수께

• **법 法** | 법 법 [law; method; good reason] ❶ 국가의 강제력을 수반하는 사회 규범. 법을 지키다. ❷ 방법이나 방식. 그림 그리는 법. ❸ 해야 할 도리나 정해진 이치. 어른한테 그렇게 말하는 법이 어디 있니? ❹ 앞말의 동작이나 상태가 당연함을 나타내는 말. 죄를 지으면 누구나 벌을 받는 법이다.
• **당연 當然** | 마땅 당, 그러할 연 [of course] : 마땅히 [當] 그러함 [然]. 봄에 꽃이 피는 것은 당연하다.

말하되 너는 어디로부터냐 하되 예수께
서 대답하여 주지 아니하시는지라.

10절 빌라도가 이르되 내게 말하지
아니하느냐? 내가 너를 놓을 권한도
있고 십자가에 못 박을 권한도 있는
줄 알지 못하느냐?

11절 예수께서 대답하시되 위에서 주
지 아니하셨더라면 나를 해할 권한이
없었으리니 그러므로 나를 네게 넘겨
준 자의 죄는 더 크다 하시니라.

 속뜻단어풀이

• **권한 權限** | 권리 권, 끝 한 [competence; competency] : 어떤 사람이나 기관의 권리(權利)나 권력(權力)이 미치는 범위[限]. 국회는 법률을 제정할 수 있는 권한이 있다. (비)권리(權利).
• **해: 害** | 해칠 해 [harm] : 이롭지 아니하게 하거나 손상을 입힘. 또는 그런 것. 남에게 해를 끼치다. (반)이(利).

12절 이러하므로 빌라도가 예수를 놓

으려고 힘썼으나 유대인들이 소리 질러

이르되 이 사람을 놓으면 가이사의 충

신이 아니니이다. 무릇 자기를 왕이라

하는 자는 가이사를 반역하는 것이니이

다.

13절 빌라도가 이 말을 듣고 예수를

끌고 나가서 돌을 깐 뜰(히브리 말로

가바다)에 있는 재판석에 앉아 있더라.

14절 이 날은 유월절의 준비일이요

속뜻단어
풀   이

• **충신 忠臣** | 충성 충, 신하 신 [loyal subject; faithful retainer] : 충성(忠誠)을 다하는 신하(臣下). (반)간신(奸臣).
• **반: 역 叛逆** | =反逆, 배반할 반, 거스를 역 [rise in revolt; rebel (against)] : 배반(背叛)하여 돌아섬[逆]. 그는 민족을 반역하고 적에게 동조했다.

때는   제육시라.   빌라도가   유대인들에게

이르되   보라!   너희   왕이로다.

15절   그들이   소리   지르되   없이   하소

서   없이   하소서!   그를   십자가에   못

박게   하소서!   빌라도가   이르되   내가

너희   왕을   십자가에   못   박으랴?   대제

사장들이   대답하되   가이사   외에는   우리

에게   왕이   없나이다   하니

16절   이에   예수를   십자가에   못   박도

록   그들에게   넘겨   주니라.

속뜻단어
풀이

• 소리 (音, 소리 음; 聲, 소리 성) | [sound; noise] ❶ 물체의 진동에 의하여 생긴 음파가 귀청을 울리어 귀에 들리는 것. 라디오 소리. ❷ 사람의
목소리. 소리를 지르다. ❸ 어떤 뜻을 나타내는 말. 지금 무슨 소리를 하시는 겁니까?
• 외 外 | 밖 외 [except] : 일정한 범위나 한계를 벗어남을 나타내는 말. 밖. 나는 학교 외에는 아무 데도 가지 않았다.

17절 그들이 예수를 맡으매 예수께서 자기의 십자가를 지시고 해골·(히브리 말로 골고다)이라 하는 곳에 나가시니 18절 그들이 거기서 예수를 십자가에 못 박을새 다른 두 사람도 그와 함께 좌우편에 못 박으니 예수는 가운데 있더라.

19절 빌라도가 패를 써서 십자가 위에 붙이니 나사렛 예수 유대인의 왕이라 기록되었더라.

속뜻단어
풀   이

• **패 牌** | 간판 패 [card] : 어떤 사물의 이름, 성분, 특징 따위를 알리기 위하여 그림을 그리거나 글씨를 쓰거나 새긴 종이나 나무, 쇠붙이 따위의 조그마한 조각

• **해골 骸骨** | 뼈 해, 뼈 골 [skeleton] ❶ 속뜻 몸을 이루고 있는 뼈 [骸=骨]. ❷ 살이 썩고 남은 뼈. 또는 그 머리뼈.

20절 예수께서 못 박히신 곳이 성에

서 가까운 고로 많은 유대인이 이 패

를 읽는데 히브리와 로마와 헬라 말로

기록되었더라.

21절 유대인의 대제사장들이 빌라도에

게 이르되 유대인의 왕이라 쓰지 말고

자칭 유대인의 왕이라 쓰라 하니

22절 빌라도가 대답하되 내가 쓸 것

을 썼다 하니라.

23절 군인들이 예수를 십자가에 못

속뜻단어
풀이

• 헬라 | [Greek] : 유럽의 남동지역, 발칸반도의 남쪽에 있던 나라. 기독교 '그리스'를 성경에서 부르는 이름.
• 자칭 自稱 | 스스로 자, 일컬을 칭 [self professed] : 남에게 자기(自己)를 일컬음[稱]. 스스로 말함. 아까 자칭 가수라는 사람이 왔다 갔어요.

박고 그의 옷을 취하여 네 깃에 나눠

각각 한 깃씩 얻고 속옷도 취하니 이

속옷은 호지 아니하고 위에서부터 통으

로 짠 것이라.

24절 군인들이 서로 말하되 이것을

찢지 말고 누가 얻나 제비 뽑자 하니

이는 성경에 그들이 내 옷을 나누고

내 옷을 제비 뽑나이다 한 것을 응하

게 하려 함이러라. 군인들은 이런 일

을 하고

속뜻단어
풀   이
• **호다** | [sew; stitch] : 헝겊을 겹쳐 바늘땀을 성기게 꿰매다.
• **제비** | [lot; lottery] : 여럿 가운데 어느 하나를 골라잡게 하는 데 쓰는 물건. 종잇조각 따위에 표를 하여 임의로 뽑아 결정한다. 누가 갈지 제비를 뽑아 정하자.

25절 예수의 십자가 곁에는 그 어머니와 이모와 글로바의 아내 마리아와 막달라 마리아가 섰는지라.

26절 예수께서 자기의 어머니와 사랑하시는 제자가 곁에 서 있는 것을 보시고 자기 어머니께 말씀하시되 여자여 보소서! 아들이니이다 하시고

27절 또 그 제자에게 이르시되 보라! 네 어머니라 하신대 그 때부터 그 제자가 자기 집에 모시니라.

속뜻단어
풀이
• 이모 姨母 | 이모 이, 어머니 모 [one's mother's sister; maternal aunt] : 어머니의 누이[姨]로서, 어머니[母] 같은 분. (반)고모(姑母).
• 제:자 弟子 | 아우 제, 아이 자 [disciple; follower] ❶ 속뜻 아우[弟]나 자식[子] 같은 사람. ❷ 스승의 가르침을 받거나 받은 사람. 스승의 날이면 제자들이 찾아온다. (반)스승.

28절	그	후에	예수께서	모든	일이		
이미	이루어진	줄	아시고	성경을	응하		
게	하려	하사	이르시되	내가	목마르다		
하시니							
29절	거기	신	포도주가	가득히	담긴		
그릇이	있는지라.	사람들이	신	포도주			
를	적신	해면을	우슬초에	매어	예수의		
입에	대니						
30절	예수께서	신	포도주를	받으신			
후에	이르시되	다	이루었다	하시고	머		

**속뜻단어
풀이**

- **해:면 海綿** | 바다 해, 솜 면. [sponge] ❶ 속뜻 바다[海]에 사는 솜[綿] 같은 동물. ❷ 동물 정제한 해면동물의 뼈. 갯솜. 스펀지 ❸ 해면동물 (海綿動物)의 준말.
- **우슬초 牛膝草** | 소 우, 무릎 슬, 풀 초 [Hyssop] 기독교 유대 인들이 귀신이나 재앙을 쫓으려고 제물의 피를 묻혀 뿌리는 데 쓴 식물.

리를　숙이니　영혼이　떠나가시니라.

　31절　이　날은　준비일이라.　유대인들

은　그　안식일이　큰　날이므로　그　안식

일에　시체들을　십자가에　두지　아니하려

하여　빌라도에게　그들의　다리를　꺾어

시체를　치워　달라　하니

　32절　군인들이　가서　예수와　함께　못

박힌　첫째　사람과　또　그　다른　사람의

다리를　꺾고

　33절　예수께　이르러서는　이미　죽으신

• **영혼 靈魂** | 혼령 령, 넋 혼 [soul] ❶ **속뜻** 죽은 사람의 넋[靈=魂]. ❷ 육체에 깃들어 마음의 작용을 맡고 생명을 부여한다고 여겨지는 비물질
적 실체. 나는 영혼 불멸을 믿는다.

• **시:체 屍體** | 주검 시, 몸 체 [dead body] : 죽은 생물 또는 죽은 사람[屍]의 몸[體]. 시체를 영안실에 안치하다. (비)송장, 시신(屍身), 주검.

것을 보고 다리를 꺾지 아니하고

34절 그 중 한 군인이 창으로 옆구

리를 찌르니 곧 피와 물이 나오더라.

35절 이를 본 자가 증언하였으니 그

증언이 참이라. 그가 자기의 말하는

것이 참인 줄 알고 너희로 믿게 하려

함이니라.

36절 이 일이 일어난 것은 그 뼈가

하나도 꺾이지 아니하리라 한 성경을

응하게 하려 함이라.

296
요한
복음
19장

• **군인 軍人** | 군사 군, 사람 인 [soldier] : 군대(軍隊)에서 복무하는 사람[人]. (비)군사(軍士), 병사(兵士).
• **참 (眞, 참 진)** | [truth; reality] : 사실이나 이치에 어긋남이 없음. 참을 추구하다. (비)진실(眞實). (반)거짓.

37절 또 다른 성경에 그들이 그 찌
른 자를 보리라 하였느니라.

38절 아리마대 사람 요셉은 예수의
제자이나 유대인이 두려워 그것을 숨기
더니 이 일 후에 빌라도에게 예수의
시체를 가져가기를 구하매 빌라도가 허
락하는지라. 이에 가서 예수의 시체를
가져가니라.

39절 일찍이 예수께 밤에 찾아왔던
니고데모도 몰약과 침향 섞은 것을 백

 속뜻단어
풀이

• 몰약 沒藥 | 빠질 몰, 약 약 [myrrh] : 감람과에 속하는 몰약나무의 껍질에 상처를 내어 흐르는 유액을 건조시켜 만든 약재. 특이(特異)한 향기(香氣)와 맛이 있는 데, 방광(膀胱)·자궁(子宮) 따위의 분비(分泌) 과다(過多)를 억제(抑制)하고 통경제, 건위제(健胃劑), 함수제(含漱劑)로 씀.
• 침향 沈香 | 오랠 침, 향기 향 [aloeswood; agilawood] ❶ 속뜻 향기(香氣)가 오래감[沈]. ❷ 식물 팥꽃나무과의 상록 교목. 높이 20m나 되는 열대 지방 나무로, 재목은 향료로 쓰인다. ❸ 한의 침향나무를 땅속에 묻어 썩혀서 만든 향료.

리트라쯤 가지고 온지라.

40절 이에 예수의 시체를 가져다가

유대인의 장례 법대로 그 향품과 함께

세마포로 쌌더라.

41절 예수께서 십자가에 못 박히신

곳에 동산이 있고 동산 안에 아직 사

람을 장사한 일이 없는 새 무덤이 있

는지라.

42절 이 날은 유대인의 준비일이요

또 무덤이 가까운 고로 예수를 거기

속뜻단어풀이
- **장: 례 葬禮** | 장사 지낼 장, 예도 례 [hold a funeral] : 장사(葬事)를 지내는 예절(禮節). 장례 절차가 간소해지고 있다 / 군인의 시신을 찾아 장례했다. (비)장의(葬儀).
- **향품** | [Spices] : 액체로 된 방향 물질.
- **세마포 細麻布** | 가늘 세, 삼 마, 베 포[linen] : 삼[麻] 껍질에서 뽑아낸 가는[細] 실로 곱게 짠 베[布]. 제사장들의 의복을 만드는 주요 재료.

두 나라.

1. 빌라도가 예수님에 대하여 더욱 두려워하게 된 이유는 무엇이었나요? (7-8절)

답 :

2. 예수님이 못 박힐 십자가 위에 빌라도는 작은 나무판을 붙이고 기기에 뭐라고 썼나요?

(19-20절)

답 :

3. 로마 군인들이 십자가에 달려있는 예수님의 죽음을 확인하기 위하여 그 다리를

부러뜨리지 않은 데에는 어떤 중요한 의미가 담겨 있나요? (31-37절)

답 :

요한복음 이해문제

제 20 장

1 절 안 식 후 첫 날 일 찍 이 아 직 어

두 울 때 에 막 달 라 마 리 아 가 무 덤 에 와

서 돌 이 무 덤 에 서 옮 겨 진 것 을 보 고

2 절 시 몬 베 드 로 와 예 수 께 서 사 랑 하

시 던 그 다 른 제 자 에 게 달 려 가 서 말 하

되 사 람 들 이 주 님 을 무 덤 에 서 가 져 다 가

어 디 두 었 는 지 우 리 가 알 지 못 하 겠 다

하 니

3 절 베 드 로 와 그 다 른 제 자 가 나 가

속뜻단어
풀   이

- 안식 安息 | 편안할 안, 쉴 식 [rest] : 편안(便安)히 쉼[息]. 여름휴가 때 그는 고향에서 안식을 취했다.
- 무덤 (墓, 무덤 묘; 墳, 무덤 분) | [grave; tomb] : 송장·유골을 땅에 묻어 놓은 곳. (비)묘(墓), 산소(山所), 묘지(墓地), 묘소(墓所).

서　무덤으로　갈새

　4절　둘이　같이　달음질하더니　그　다

른　제자가　베드로보다　더　빨리　달려가

서　먼저　무덤에　이르러

　5절　구부려　세마포　놓인　것을　보았

으나　들어가지는　아니하였더니

　6절　시몬　베드로는　따라와서　무덤에

들어가　보니　세마포가　놓였고

　7절　또　머리를　쌌던　수건은　세마포

와　함께　놓이지　않고　딴　곳에　쌌던

속뜻단어
풀이

• **달음질** | [running] : 달음박질의 준말. 급히 달려가는 걸음. (비)구보(驅步).

• **수:건 手巾** | 손 수, 수건 건 [towel] : 얼굴이나 손[手] 따위를 닦는 헝겊[巾]. 이 수건으로 머리를 말리세요.

대로　놓여　있더라.

　8절　그　때에야　무덤에　먼저　갔던

그　다른　제자도　들어가　보고　믿더라.

　9절　(그들은　성경에　그가　죽은　자

가운데서　다시　살아나야　하리라　하신

말씀을　아직　알지　못하더라.)

　10절　이에　두　제자가　자기들의　집으

로　돌아가니라.

　11절　마리아는　무덤　밖에　서서　울고

있더니　울면서　구부려　무덤　안을　들여

속뜻단어
풀　이
• 성:경 聖經 | 거룩할 성, 책 경 [Holy Bible] : 각 종교에서 거룩한[聖] 내용을 담은 경전(經典). 기독교의 성서, 불교의 대장경, 유교의 사서삼경, 회교의 코란 따위. (비)성서(聖書), 성전(聖典).

다 보 니

　12 절 흰 옷 입은 두 천사가 예수의
시체 뉘었던 곳에 하나는 머리 편에,
하나는 발 편에 앉았더라.
　13 절 천사들이 이르되 여자여, 어찌
하여 우느냐 이르되 사람들이 내 주님
을 옮겨다가 어디 두었는지 내가 알지
못함이니이다.
　14 절 이 말을 하고 뒤로 돌이켜 예
수께서 서 계신 것을 보았으나 예수이

304
요한
복음
20장

신　줄은　알지　못하더라.

　15절　예수께서　이르시되　여자여,　어찌하여　울며　누구를　찾느냐　하시니　마리아는　그가　동산지기인　줄　알고　이르되　주여,　당신이　옮겼거든　어디　두었는지　내게　이르소서.　그리하면　내가　가져가리이다.

　16절　예수께서　마리아야　하시거늘　마리아가　돌이켜　히브리　말로　랍오니　하니　(이는　선생님이라는　말이라.)

속뜻단어
풀   이

• **주 主** | 주될 주 [principal part; Lord] ❶ 주요(主要)하거나 기본이 되는 것을 이르는 말. 이 고장은 농업이 주를 이룬다. ❷ 기독교 하나님이나 예수님을 이르는 말. 주께서 늘 살펴 주시옵소서.

• **선생 先生** | 먼저 선, 날 생 [teacher; Mister] ❶ 속뜻 먼저[先] 태어남[生]. ❷ 학생을 가르치는 사람. ❸ 성명이나 직명 따위의 아래에 쓰여 그를 높여 일컫는 말. 최 선생. ❹ 어떤 일에 경험이 많거나 아는 것이 많은 사람. 의사 선생. (비)교사(教師).

17절 예수께서 이르시되 나를 붙들지

말라. 내가 아직 아버지께로 올라가지

아니하였노라. 너는 내 형제들에게 가

서 이르되 내가 내 아버지 곧 너희

아버지, 내 하나님 곧 너희 하나님께

로 올라간다 하라 하시니

18절 막달라 마리아가 가서 제자들에

게 내가 주를 보았다 하고 또 주께서

자기에게 이렇게 말씀하셨다 이르니라.

19절 이 날 곧 안식 후 첫날 저녁

속뜻단어
풀이

• 형제 兄弟 | 맏 형, 아우 제 [brother] : 형[兄]과 아우[弟]. 사이좋은 형제.

때에 제자들이 유대인들을 두려워하여

모인 곳의 문들을 닫았더니 예수께서

오사 가운데 서서 이르시되 너희에게

평강이 있을지어다.

20절 이 말씀을 하시고 손과 옆구리

를 보이시니 제자들이 주를 보고 기뻐

하더라.

21절 예수께서 또 이르시되 너희에게

평강이 있을지어다, 아버지께서 나를

보내신 것 같이 나도 너희를 보내노라.

**속뜻단어
풀이**

• **평강 平康** | 평안할 평, 편안할 강 [peace] : 평안(平安)하고 편안함[康]. 마음에 평강을 되찾았다.

22절 이 말씀을 하시고 그들을 향하사 숨을 내쉬며 이르시되 성령을 받으라.

23절 너희가 누구의 죄든지 사하면 사하여질 것이요 누구의 죄든지 그대로 두면 그대로 있으리라 하시니라.

24절 열두 제자 중의 하나로서 디두모라 불리는 도마는 예수께서 오셨을 때에 함께 있지 아니한지라.

25절 다른 제자들이 그에게 이르되

속뜻단어
풀이

• **성:령 聖靈** | 성스러울 성, 신령 령 [Holy Spirit] ❶ **속뜻** 성(聖)스러운 신령(神靈). ❷ **기독교** 성삼위 중의 하나인 하나님의 영을 이르는 말. 성령의 힘을 받았다.

• **사:-하다 (赦—, 용서할 사)** | [pardon; forgive] : 지은 죄를 용서하다[赦]. 저의 죄를 사하여 주소서.

우리가 주를 보았노라 하니 도마가 이르되 내가 그의 손의 못 자국을 보며 내 손가락을 그 못 자국에 넣으며 내 손을 그 옆구리에 넣어 보지 않고는 믿지 아니하겠노라 하니라.

26절 여드레를 지나서 제자들이 다시 집 안에 있을 때에 도마도 함께 있고 문들이 닫혔는데 예수께서 오사 가운데 서서 이르시되 너희에게 평강이 있을지어다 하시고

**속뜻단어
풀이**

- **자국** | [mark] : 어떤 물건이나 곳에 다른 물건이 닿아서 생긴 자리. 벌레에 물린 자국 / 아이의 팔에는 개의 이빨 자국이 선명하게 남았다. (비) 흔적(痕跡).
- **여드레** | [eight days] ❶ 여덟 날. 나는 여드레 동안 중국에 있었다. ❷ 매월 8일. 초여드렛날. 할머니의 생신은 구월 여드레이다.

27절 도마에게 이르시되 네 손가락을 이리 내밀어 내 손을 보고 네 손을 내밀어 내 옆구리에 넣어 보라! 그리하여 믿음 없는 자가 되지 말고 믿는 자가 되라.

28절 도마가 대답하여 이르되 나의 주님이시요 나의 하나님이시니이다.

29절 예수께서 이르시되 너는 나를 본 고로 믿느냐? 보지 못하고 믿는 자들은 복되도다 하시니라.

**속뜻단어
풀이**

• 복福 | 복 복 [fortune; luck; blessing] ❶ 아주 좋은 운수. 새해 복 많이 받으세요. ❷ 배당되는 몫이 많음의 비유. 먹을 복이 많다. (반)화(禍).

30절　예수께서　제자들　앞에서　이　책
에　기록되지　아니한　다른　표적도　많이
행하셨으나

31절　오직　이것을　기록함은　너희로
예수께서　하나님의　아들　그리스도이심을
믿게　하려　함이요　또　너희로　믿고　그
이름을　힘입어　생명을　얻게　하려　함이
니라.

 속뜻단어 풀이

- **기록 記錄** | 적을 기, 베낄 록 [record] ❶ 속뜻 적어두고[記] 베껴둠[錄]. ❷ 주로 후일에 남길 목적으로 어떤 사실을 적음. 또는 그런 글. ❸ 운동 경기 따위에서 세운 성적이나 결과를 수치로 나타낸 것. 그는 세계 최고 기록을 경신했다.
- **표적 表迹** | 겉 표, 자취 적 [miraculous signs; miracles] ❶ 겉[表]으로 나타난 자취[迹]. ❷ 기독교 기적을 의미.

1. 부활하신 예수님을 가장 먼저 만나본 사람은 누구였나요? (11, 18절)

답 :

2. 예수님은 자기의 부활을 믿지 못하고 의심하는 도마에게 오셔서 뭐라고 말해주셨나요?

(29절) : "너는 나를 (   )고로 믿느냐? 보지 (   )하고 믿는 자들은 (   )되도다."

요한복음 이해문제

제21장

1절 그 후에 예수께서 디베랴 호수에서 또 제자들에게 자기를 나타내셨으니 나타내신 일은 이러하니라.

2절 시몬 베드로와 디두모라 하는 도마와 갈릴리 가나 사람 나다나엘과 세베대의 아들들과 또 다른 제자 둘이 함께 있더니

3절 시몬 베드로가 나는 물고기 잡으러 가노라 하니 그들이 우리도 함께

속뜻단어풀이 • **호수 湖水** | 호수 호, 물 수 [lake] ❶ 속뜻 우묵하게 파인 호(湖)에 고인 물[水]. ❷ 지리 땅이 우묵하게 들어가 물이 괴어 있는 곳. 맑고 고요한 호수.

가겠다 하고 나가서 배에 올랐으나 그
날 밤에 아무 것도 잡지 못하였더니
  4절 날이 새어갈 때에 예수께서 바
닷가에 서셨으나 제자들이 예수이신 줄
알지 못하는지라.
  5절 예수께서 이르시되 애들아 너희
에게 고기가 있느냐? 대답하되 없나이
다.
  6절 이르시되 그물을 배 오른편에
던지라. 그리하면 잡으리라 하시니 이

속뜻단어 풀이 • **그물 (網, 그물 망)** | [net] : 물고기 · 날짐승 등을 잡기 위해 노끈 · 실 따위로 여러 코의 구멍이 나게 얽은 물건. 그물로 물고기를 잡았다.
속담 그물에 든 고기.

• 두르다 [put around] ❶ (둘레를 빙 둘러서 감거나 하다 / 치마를 두르다) ❷ 겉에 기름을 고르게 바르다. 프라이팬에 기름을 골고루 두르다.
• 육지 陸地 | 뭍 륙, 뭍 지 [land; shore] : 물에 잠기지 않은 땅과 섬이 아닌 땅[陸=땅], (비)뭍, 땅.

충분하다이

9절 육지에 올라보니 숯불이 있는데 그 위에 생선이 놓였고 떡도 있더라.

10절 예수께서 이르시되 지금 잡은 생선을 좀 가져오라 하시니

11절 시몬 베드로가 올라가서 그물을 육지에 끌어 올리니 가득히 찬 큰 물고기가 백쉰세 마리라. 이같이 많으나 그물이 찢어지지 아니하였더라.

12절 예수께서 이르시되 와서 조반을 먹으라 하시니 제자들이 주님이신 줄

속뜻단어
풀이

• **생선 生鮮** | 살 생, 싱싱할 선 [fish] ❶ **속뜻** 살아있는[生] 듯 싱싱한[鮮] 물고기. ❷ 말리거나 절이지 아니하고 물에서 잡아낸 그대로의 물고기. 생선을 구워먹었다.

• **조:반 朝飯** | 아침 조, 밥 반 [breakfast] : 아침[朝]에 먹는 밥[飯]. 나는 늦게까지 자느라 조반을 잘 안 먹는 편이다.

아는 고로 당신이 누구냐? 감히 묻는

자가 없더라.

　13절 예수께서 가셔서 떡을 가져다가

그들에게 주시고 생선도 그와 같이 하

시니라.

　14절 이것은 예수께서 죽은 자 가운

데서 살아나신 후에 세 번째로 제자들

에게 나타나신 것이라.

　15절 그들이 조반 먹은 후에 예수께

서 시몬 베드로에게 이르시되 요한의

속뜻단어 풀이

• **당신 當身** | 당할 당, 몸 신 [you; my darling] ❶ 속뜻 해당(該當)되는 그 몸[身]. ❷ 상대방을 높여 부르는 말. ❸ 부부간에 상대편을 높여 부르는 말. 당신이 아이를 데려다주세요. ❹ 싸울 때 상대편을 낮잡아 이르는 이인칭 대명사. 당신이 뭔데 참견이야? (비)너, 여보.

아들 시몬아! 네가 이 사람들보다 나
를 더 사랑하느냐 하시니 이르되 주님
그러하나이다. 내가 주님을 사랑하는
줄 주님께서 아시나이다. 이르시되 내
어린 양을 먹이라 하시고
16절 또 두 번째 이르시되 요한의
아들 시몬아! 네가 나를 사랑하느냐
하시니 이르되 주님 그리하나이다. 내
가 주님을 사랑하는 줄 주님께서 아시
나이다. 이르시되 내 양을 치라 하시

속뜻단어 풀이

- 이르다 (謂, 이를 위) | [tell; say; rat on] ❶ 무엇이라고 말하다. 아이들에게 주의하라고 일렀다. ❷ 고자질하다. 엄마한테 거짓말했다고 이를 거야. ❸ 알아듣거나 깨닫게 말하다. 잘 알아듣도록 이르다. [관용] 이를 데 없다.
- 주-님 (主—, 주인 주) | [Lord] 기독교 '주' (主)의 높임말. 주님 뜻대로 하옵소서.

고

17절 세 번째 이르시되 요한의 아들

시몬아! 네가 나를 사랑하느냐 하시니

주께서 세 번째 네가 나를 사랑하느냐

하시므로 베드로가 근심하여 이르되 주

님 모든 것을 아시오매 내가 주님을

사랑하는 줄을 주님께서 아시나이다.

예수께서 이르시되 내 양을 먹이라.

18절 내가 진실로 진실로 네게 이르

노니 네가 젊어서는 스스로 띠 띠고

319
요한
복음
21장

속뜻단어 • 근심 (患, 근심 환; 愁, 근심 수; 憂, 근심 우) | [anxiety; worry] : 괴롭게 애를 태우거나 불안해하는 마음. 그녀는 근심이 있다. (비)걱정.
풀   이 • 띠:다 | [wear a belt; be tinged with] ❶ 띠를 두르다. 허리띠를 띠다. ❷ 용무 · 직책 · 사명을 가지다. 중요한 사명을 띠다. ❸ 빛깔을 조금 가지다.
푸른빛을 띠다. ❹ 감정이나 기운 따위를 나타내다. 얼굴에 환한 미소를 띠다.

원하는 곳으로 다녔거니와 늙어서는 네

팔을 벌리리니 남이 네게 띠 띠우고

원하지 아니하는 곳으로 데려가리라.

19절 이 말씀을 하심은 베드로가 어

떠한 죽음으로 하나님께 영광을 돌릴

것을 가리키심이러라. 이 말씀을 하시

고 베드로에게 이르시되 나를 따르라

하시니

20절 베드로가 돌이켜 예수께서 사랑

하시는 그 제자가 따르는 것을 보니

속뜻단어
풀이

• 띠 | [band] : 몸의 한 부분이나 물건을 두를 때 쓰는 너비 좁고 기다랗게 생긴 것. 머리에 띠를 두르다.
• 돌이키다 | [turn round; look back on; get back] ❶ 방향을 반대쪽으로 돌리다. 발길을 돌이키다. ❷ 지난 일을 다시 생각하다. 어린 시절의 내 행동을 돌이켜 생각하다. ❸ 원래의 상태로 돌아가게 하다. 한번 내뱉은 말은 결코 돌이킬 수 없다.

그는 만찬석에서 예수의 품에 의지하여 주님 주님을 파는 자가 누구오니이까 묻던 자더라.

21절 이에 베드로가 그를 보고 예수께 여짜오되 주님 이 사람은 어떻게 되겠사옵나이까?

22절 예수께서 이르시되 내가 올 때까지 그를 머물게 하고자 할지라도 네게 무슨 상관이냐? 너는 나를 따르라 하시더라.

속뜻단어풀이

• 만: 찬 晩餐 | 저녁 만, 밥 찬 [dinner] : 저녁 [晩] 식사 [餐]. 특별히 잘 차려 낸 저녁 식사. 성대한 만찬을 베풀다. (비)석찬(夕餐). (반)조찬(朝餐).

• 품 | [width; bosom; breast] ❶ 윗옷의 양쪽 겨드랑이 밑의 가슴과 등을 두르는 부분의 넓이. 품이 잘 맞는다. ❷ 안거나 안기는 것으로서의 가슴. 할머니의 품에 안기다. 속담 품 안의 자식.

23절 이 말씀이 형제들에게 나가서 그 제자는 죽지 아니하겠다 하였으나 예수의 말씀은 그가 죽지 않겠다 하신 것이 아니라 내가 올 때까지 그를 머물게 하고자 할지라도 네게 무슨 상관이냐 하신 것이러라.

24절 이 일들을 증언하고 이 일들을 기록한 제자가 이 사람이라. 우리는 그의 증언이 참된 줄 아노라.

25절 예수께서 행하신 일이 이 외에

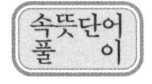

• **상관 相關** | 서로 상, 관계할 관 [be related to; meddle] ❶ 속뜻 서로[相] 관련(關聯)을 가짐. 또는 그 관련. 그 일이 당신과 무슨 상관이 있나요? ❷ 남의 일에 간섭함. 그가 언제 떠나든 상관을 하지 않겠다 / 그는 절대로 친구의 일에 상관하지 않는다.

• **기록 記錄** | 적을 기, 베낄 록 [record] ❶ 속뜻 적어두고[記] 베껴둠[錄]. ❷ 주로 후일에 남길 목적으로 어떤 사실을 적음. 또는 그런 글. ❸ 운동 경기 따위에서 세운 성적이나 결과를 수치로 나타낸 것. 그는 세계 최고 기록을 경신했다.

• 낱낱-이 [one by one; individually] : 하나하나 빠짐없이 모두. 그 여럿 각각이 분명히 드러나게 하고자 하다.
• 족-하다 (足—, 넉넉할 족) | [enough] : 수량이나 정도 따위가 부족함이 없다[넉]. 흡족하여 만족스럽게 / 수레를 다 실었으면 넉넉함을 또한 것 같
한다. (비) 흡족(洽足)하다, (반) 부족(不足)하다.

1. 텅 빈 해변 동틀 무렵 다시 고기잡이 일로 돌아간 제자들에게 주신 예수님은 어떻게
하셨나요? (1-14절)

2. 부활하신 주님께서 베드로에게 세 번이나 반복하여 물은(명령) 하신 질문과 명령은
무엇이었나요? (15, 16, 17절)

3. 부활하신 예수님께서 베드로에게 주신 마지막 명령은 무엇이었나요? (18-19절)

날 짜 : 이 름 :

요한복음 이해문제 정답

제1장
1.
1절 : 말씀 = (하나님) 4절 : (생명) = (빛) 14절 : (은혜)와 (진리)가 충만하신 분 18절 : (독생하신 하나님) *
2.
* 세례자 요한 (29, 36절) : 세상 죄를 지고 가는 하나님의 어린 양 * 안드레 (41절) : 메시야
* 빌립 (45절) : 모세가 율법에 기록하였고, 여러 선지자가 기록한 그 이 * 나다나엘 (49절) : 이스라엘의 임금

제2장
1. 물을 포도주로 바꾸신 기적 (1-11절)
2. 모든 사람에 대하여 모든 것을 아시는 것 (23-25절)

제3장
1. "예수님을 (믿)(음)으로 영생을 얻게 된다"는 뜻입니다.
2. 하나님의 말씀

제4장
1. 영생하도록 솟아나는 샘물
2. 자신의 삶을 정직하게 돌아보고 '회개'하여 하나님께 고백해야 한다는 뜻
3. "하나님은 영이시니, 예배하는 자가 (영)과 (진)(리)로 예배할지니라."

제5장
1. 예수님께서 자신을 '하나님'이라고 말했지만 믿지 않았기 때문에
2. "내가 진실로 진실로 너희에게 이르노니, 내 말을 듣고 또 나 보내신 이를 믿는 자는
   (영)(생)을 얻었고 (심)(판)에 이르지 아니하나니, 사망에서 (생)(명)으로 옮겼느니라."
3. 예수님 (예수님이 모든 인류의 '구원자'라는 것)

제6장
1. 5,000명 (4-13절)
2. 39-40, 44절 : 믿는 사람들을 마지막 날에 다시 살려주시기 위하여.
   51, 54-55, 58절 : 믿는 사람들에게 "영원한 생명"을 주시기 위하여.

제7장
1. "나를 보내신 이"의 것, 즉 하나님의 것 (14-17절)
2. 성령 (하나님의 영)

제8장
1. "나도 너를 (정)(죄)하지 아니하노니, 가서 다시는 (죄)를 짓지 말라."
2. "그러므로 내가 너희에게 말하기를, 너희가 너희 (죄) 가운데서 죽으리라 하였노라. 너희가
   만일 나를 그인 줄 (믿)(지) 아니하면 너희 아니하면, 너희 죄 가운데서 죽으리라." (24절)
3. 왜냐하면, 예수님은 "아브라함이 나기 전부터 (내)(가) 있느니라"라고 말씀하셨기 때문입니다(58절).

제9장
1. 맹인의 눈을 고쳐서 보게 하심.
2. (39절) 예수께서 이르시되, "내가 (심)(판)하러 이 세상에 왔으니, 보지 못하는
   자들은 (보)(게) 하고 보는 자들은 (맹)(인)이 되게 하려 함이라" 하시니

제10장
1. 사람들을 위하여 자기 목숨을 버림으로써 영생을 주시기 때문
2. (27절) "내 양은 내 (음)(성)을 들으며, 나는 그들을 알며, 그들은 나를 (따)(르)느니라.

제11장
1. 예수님이 너무 늦게 와서
2. 하나님 아버지께서 예수님을 구원자로 세상에 보내신 것을 사람들이 믿을 수 있게 하시기 위하여.

제12장
1. 유대인들이 나사로 때문에 예수님을 더 많이 믿게 되었기 때문에
2. (25절) "자기의 생명을 사랑하는 자는 (잃)(어)버릴 것이요, 이 세상에서
   자기의 생명을 미워하는 자는 (영)(생)하도록 보전하리라."
3. "나는 (빛)으로 세상에 왔나니, 무릇 나를 믿는 자로 (어)(둠)에 거하지 않게 하려 함이로라." (46절)

제13장
1. 10절 : 목욕한 사람도 발은 다시 씻어야 한다. 즉 죄사함 받은 사람도 계속 자기 죄를 회개해야 한다는 것을 가르치기 위하여.
   14-15절 : 제자들이 서로의 발을 씻어주는, 즉 서로를 겸손하게 대해야 한다는 것을 가르치기 위하여.
2. (34절) "새 계명을 너희에게 주노니, (서)(로) 사랑하라. 내가 너희를 사랑한 것같이 너희도 서로 (사)(랑)하라."

제14장
1. (6절) 예수께서 이르시되, "내가 곧 (길)이요 (진)(리)요 (생)(명)이니,
   나로 말미암지 않고는 아버지께로 올 자가 없느니라."
2. 진리의 영, 성령

제15장
1. (7-8절) "너희가 (내) 안에 거하고, 내 (말)이 너희 안에 거하면 무엇이든지 원하는 대로 구하라. 그리하면 이루리라. 너희가 (열)(매)를 많이 맺으면 내 아버지께서 영광을 받으실 것이요, 너희는 내 (제)(자)가 되리라."
2. 믿는 사람들을 미워하고 박해(괴롭힘)하기도 하지만, 또한 우리가 전하는 복음을 믿고 받아들이기도 함.

제16장
1. 성령(진리의 영)이 오셔서 죄와, 의와, 심판에 대하여 세상을 책망하심. 여기에서 책망하신다는 뜻은 사람들에게 '확신시킨다'는 의미.
2. (24절) "지금까지는 너희가 내 (이)(름)으로 아무 것도 구하지 아니하였으나, (구)하라. 그리하면 받으리니, 너희 (기)(쁨)이 충만하리라."

제17장
1. 영생은 유일하신 참 하나님과 그가 보내신 자 예수 그리스도를 아는 것.
2. (15-17절) "내가 비옵는 것은 그들을 세상에서 데려가시기를 위함이 아니요, 다만 (악)에 빠지지 않게 보전하시기를 위함이니이다. 그들을 (진)(리)로 거룩하게 하옵소서. 아버지의 (말)(씀)은 진리니이다."
   (21절) "아버지여, 아버지께서 내 안에, 내가 아버지 안에 있는 것같이, 그들도 다 (하)(나)가 되어 우리 안에 있게 하사 세상으로 아버지께서 나를 보내신 것을 (믿)(게) 하옵소서."

제18장
1. 제자들은 잡지 말고 보내주라는 것. 구약성경의 '예언'의 말씀을 성취하시기 위해.
2. 예수님 자신이 바로 모든 인류의 '왕'이라는 진리를 알리기 위하여 세상에 오셨다고 대답하심.

제19장
1. 예수님이 스스로 "자신은 하나님의 아들이라"고 말씀하셨다는 말을 듣고서.
2. "나사렛 예수, 유대인의 왕"(즉, 예수님은 "모든 믿는 사람들의 주님"이라고 기록함.
3. 예수님에게 일어난 모든 일들이 자연스럽게 성경(출애굽기 12:46, 민수기 9:12, 시편 34:20)의 예언을 성취하고 있다는 뜻.

제20장
1. 막달라 마리아
2. (29절) : "너는 나를 (본) 고로 믿느냐? 보지 (못)하고 믿는 자들은 (복)되도다."

제21장
1. 많은 고기를 잡을 수 있도록 해주고, 직접 고기를 구워서 함께 식사도 하시면서 제자들이 직접 눈으로 보고 주님이 다시 부활한 사실을 확신하도록 도와주심.
2. "내 양을 먹이라."
3. 다른 모든 문제들은 신경쓰지 말고 오직 너는 "나를 따르라!"

"잠언 _{원고지형} 따라쓰기"

말씀을 읽으면서 따라쓰는 원고지형 말씀따라쓰기의 최초!

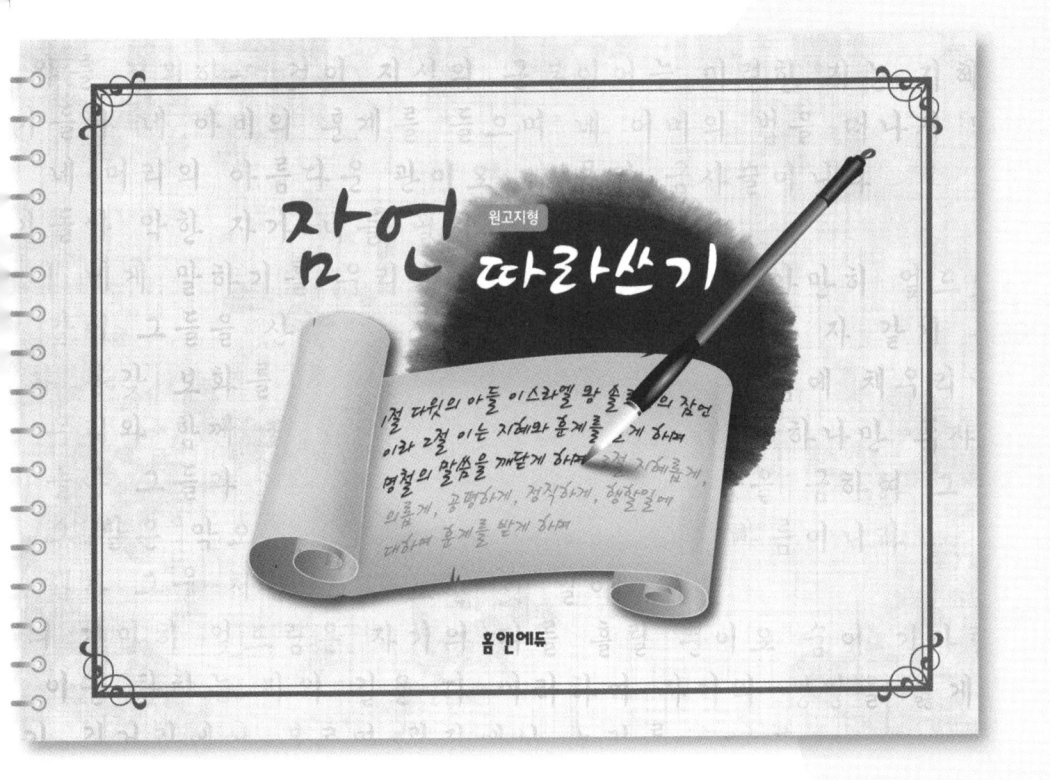

'말씀따라쓰기'시리즈는

말씀을 읽으면서 따라쓰도록 구성한 성경 교육용 교재입니다.
원고지형식의 따라쓰기 방식에 단어풀이가 제공되어 어린 자녀부터
부모까지 누구나 쉽게 사용하실 수 있습니다.

교재의 특징

① 말씀을 읽고 쓰면서 성경을 가까이 하도록 돕는 성경교재입니다.
② 따라쓰기 방식으로 글씨교정이 가능합니다.
③ 띄어쓰기, 맞춤법, 원고지작성법을 자연스럽게 익힙니다.
④ 속뜻풀이방식 단어 뜻을 제공함으로 어휘력 증진에 도움이 됩니다.
⑤ 각 장마다 느낀 점이나 기억에 남는 구절들을 적을 수 있도록
　 묵상노트를 제공합니다.
⑥ 말씀을 계획적으로 읽도록 성경읽기표를 제공합니다.
　 (일반, 맥체인 방식)

잠언을 공부해야 하는 이유는

지혜의 책이라고 불리우는 잠언은 모든 사람의 유익을 위해 기록 되었습니다. 특히 어리석은 사람을 지혜롭게 하며 피해야 할 죄악과 마땅히 행하여야 하는 바를 알게 하며 젊은이들에게는 미숙함과 성급함을 절제하여 지식과 근신함을 알게 하고 있습니다. 잠언의 말씀을 통하여 참된 지혜가 무엇인지 바로 깨닫고 온전한 지식과 바른 생각, 건강하고 경건한 삶의 길로 나아갈 수 있도록 도울 것입니다.

정가 13,500원 / (257×182)mm 300쪽
구매문의 050-5504-5404

홈앤에듀

맥체인 성경읽기표

January 01

1	창1 | 마1 | 스1 | 행1
2	창2 | 마2 | 스2 | 행2
3	창3 | 마3 | 스3 | 행3
4	창4 | 마4 | 스4 | 행4
5	창5 | 마5 | 스5 | 행5
6	창6 | 마6 | 스6 | 행6
7	창7 | 마7 | 스7 | 행7
8	창8 | 마8 | 스8 | 행8
9	창9~10 | 마9 | 스9 | 행9
10	창11 | 마10 | 스10 | 행10
11	창12 | 마11 | 느1 | 행11
12	창13 | 마12 | 느2 | 행12
13	창14 | 마13 | 느3 | 행13
14	창15 | 마14 | 느4 | 행14
15	창16 | 마15 | 느5 | 행15
16	창17 | 마16 | 느6 | 행16
17	창18 | 마17 | 느7 | 행17
18	창19 | 마18 | 느8 | 행18
19	창20 | 마19 | 느9 | 행19
20	창21 | 마20 | 느10 | 행20
21	창22 | 마21 | 느11 | 행21
22	창23 | 마22 | 느12 | 행22
23	창24 | 마23 | 느13 | 행23
24	창25 | 마24 | 에1 | 행24
25	창26 | 마25 | 에2 | 행25
26	창27 | 마26 | 에3 | 행26
27	창28 | 마27 | 에4 | 행27
28	창29 | 마28 | 에5 | 행28
29	창30 | 막1 | 에6 | 롬1
30	창31 | 막2 | 에7 | 롬2
31	창32 | 막3 | 에8 | 롬3

February 02

1	창33 | 막4 | 에9~10 | 롬4
2	창34 | 막5 | 욥1 | 롬5
3	창35~36 | 막6 | 욥2 | 롬6
4	창37 | 막7 | 욥3 | 롬7
5	창38 | 막8 | 욥4 | 롬8
6	창39 | 막9 | 욥5 | 롬9
7	창40 | 막10 | 욥6 | 롬10
8	창41 | 막11 | 욥7 | 롬11
9	창42 | 막12 | 욥8 | 롬12
10	창43 | 막13 | 욥9 | 롬13
11	창44 | 막14 | 욥10 | 롬14
12	창45 | 막15 | 욥11 | 롬15
13	창46 | 막16 | 욥12 | 롬16
14	창47 | 눅1:1~38 | 욥13 | 고전1
15	창48 | 눅1: 39~80 | 욥14 | 고전2
16	창49 | 눅2 | 욥15 | 고전3
17	창50 | 눅3 | 욥16~17 | 고전4
18	출1 | 눅4 | 욥18 | 고전5
19	출2 | 눅5 | 욥19 | 고전6
20	출3 | 눅6 | 욥20 | 고전7
21	출4 | 눅7 | 욥21 | 고전8
22	출5 | 눅8 | 욥22 | 고전9
23	출6 | 눅9 | 욥23 | 고전10
24	출7 | 눅10 | 욥24 | 고전11
25	출8 | 눅11 | 욥25 ~ 26 | 고전12
26	출9 | 눅12 | 욥27 | 고전13
27	출10 | 눅13 | 욥28 | 고전14
28	출11:1~12:28 | 눅14 | 욥29 | 고전15

March 03

1	출12:29~51 | 눅15 | 욥30 | 고전16
2	출13 | 눅16 | 욥31 | 고후1
3	출14 | 눅17 | 욥32 | 고후2
4	출15 | 눅18 | 욥33 | 고후3
5	출16 | 눅19 | 욥34 | 고후4
6	출17 | 눅20 | 욥35 | 고후5
7	출18 | 눅21 | 욥36 | 고후6
8	출19 | 눅22 | 욥37 | 고후7
9	출20 | 눅23 | 욥38 | 고후8
10	출21 | 눅24 | 욥39 | 고후9
11	출22 | 요1 | 욥40 | 고후10
12	출23 | 요2 | 욥41 | 고후11
13	출24 | 요3 | 욥42 | 고후12
14	출25 | 요4 | 잠1 | 고후13
15	출26 | 요5 | 잠2 | 갈1
16	출27 | 요6 | 잠3 | 갈2
17	출28 | 요7 | 잠4 | 갈3
18	출29 | 요8 | 잠5 | 갈4
19	출30 | 요9 | 잠6 | 갈5
20	출31 | 요10 | 잠7 | 갈6
21	출32 | 요11 | 잠8 | 엡1
22	출33 | 요12 | 잠9 | 엡2
23	출34 | 요13 | 잠10 | 엡3
24	출35 | 요14 | 잠11 | 엡4
25	출36 | 요15 | 잠12 | 엡5
26	출37 | 요16 | 잠13 | 엡6
27	출38 | 요17 | 잠14 | 빌1
28	출39 | 요18 | 잠15 | 빌2
29	출40 | 요19 | 잠16 | 빌3
30	레1 | 요20 | 잠17 | 빌4
31	레2~3 | 요21 | 잠18 | 골1

April 04

1	레4 | 시1~ 2 | 잠19 | 골2
2	레5 | 시3~4 | 잠20 | 골3
3	레6 | 시5~6 | 잠21 | 골4
4	레7 | 시7~8 | 잠22 | 살전1
5	레8 | 시9 | 잠23 | 살전2
6	레9 | 시10 | 잠24 | 살전3
7	레10 | 시11~12 | 잠25 | 살전4
8	레11~12 | 시13~14 | 잠26 | 살전5
9	레13 | 시15~16 | 잠27 | 살후1
10	레14 | 시17 | 잠28 | 살후2
11	레15 | 시18 | 잠29 | 살후3
12	레16 | 시19 | 잠30 | 딤전1
13	레17 | 시20~21 | 잠31 | 딤전2
14	레18 | 시22 | 전1 | 딤전3
15	레19 | 시23~24 | 전2 | 딤전4
16	레20 | 시25 | 전3 | 딤전5
17	레21 | 시26~27 | 전4 | 딤전6
18	레22 | 시28~29 | 전5 | 딤후1
19	레23 | 시30 | 전6 | 딤후2
20	레24 | 시31 | 전7 | 딤후3
21	레25 | 시32 | 전8 | 딤후4
22	레26 | 시33 | 전9 | 딛1
23	레27 | 시34 | 전10 | 딛2
24	민1 | 시35 | 전11 | 딛3
25	민2 | 시36 | 전12 | 몬1
26	민3 | 시37 | 아1 | 히1
27	민4 | 시38 | 아2 | 히2
28	민5 | 시39 | 아3 | 히3
29	민6 | 시40~41 | 아4 | 히4
30	민7 | 시42~43 | 아5 | 히5

May 05

1	민8 | 시44 | 아6 | 히6
2	민9 | 시45 | 아7 | 히7
3	민10 | 시46~47 | 아8 | 히8
4	민11 | 시48 | 사1 | 히9
5	민12~13 | 시49 | 사2 | 히10
6	민14 | 시50 | 사3~4 | 히11
7	민15 | 시51 | 사5 | 히12
8	민16 | 시52~54 | 사6 | 히13
9	민17~18 | 시55 | 사7 | 약1
10	민19 | 시56~57 | 사8:1~9:7 | 약2
11	민20 | 시58~59 | 사9:8~10:4 | 약3
12	민21 | 시60~61 | 사10:5~34 | 약4
13	민22 | 시62~63 | 사11~12 | 약5
14	민23 | 시64~65 | 사13 | 벧전1
15	민24 | 시66~67 | 사14 | 벧전2
16	민25 | 시68 | 사15 | 벧전3
17	민26 | 시69 | 사16 | 벧전4
18	민27 | 시70~71 | 사17~18 | 벧전5
19	민28 | 시72 | 사19~20 | 벧후1
20	민29 | 시73 | 사21 | 벧후2
21	민30 | 시74 | 사22 | 벧후3
22	민31 | 시75~76 | 사23 | 요일1
23	민32 | 시77 | 사24 | 요일2
24	민33 | 시78:1~37 | 사25 | 요일3
25	민34 | 시78:38~72 | 사26 | 요일4
26	민35 | 시79 | 사27 | 요일5
27	민36 | 시80 | 사28 | 요이1
28	신1 | 시81~82 | 사29 | 요삼1
29	신2 | 시83~84 | 사30 | 유1
30	신3 | 시85 | 사31 | 계1
31	신4 | 시86~87 | 사32 | 계2

June 06

1	신5 | 시88 | 사33 | 계3
2	신6 | 시89 | 사34 | 계4
3	신7 | 시90 | 사35 | 계5
4	신8 | 시91 | 사36 | 계6
5	신9 | 시92~93 | 사37 | 계7
6	신10 | 시94 | 사38 | 계8
7	신11 | 시95~96 | 사39 | 계9
8	신12 | 시97~98 | 사40 | 계10
9	신13~14 | 시99~101 | 사41 | 계11
10	신15 | 시102 | 사42 | 계12
11	신16 | 시103 | 사43 | 계13
12	신17 | 시104 | 사44 | 계14
13	신18 | 시105 | 사45 | 계15
14	신19 | 시106 | 사46 | 계16
15	신20 | 시107 | 사47 | 계17
16	신21 | 시108~109 | 사48 | 계18
17	신22 | 시110~111 | 사49 | 계19
18	신23 | 시112~113 | 사50 | 계20
19	신24 | 시114~115 | 사51 | 계21
20	신25 | 시116 | 사52 | 계22
21	신26 | 시117~118 | 사53 | 마1
22	신27:1~28:19 | 시119:1~24 | 사54 | 마2
23	신28:20~68 | 시119:25~48 | 사55 | 마3
24	신29 | 시119:49~72 | 사56 | 마4
25	신30 | 시119:73~96 | 사57 | 마5
26	신31 | 시119:97 ~120 | 사58 | 마6
27	신32 | 시119:121~144 | 사59 | 마7
28	신33~34 | 시119:145~176 | 사60 | 마8
29	수1 | 시120~122 | 사61 | 마9
30	수2 | 시123~125 | 사62 | 마10

July 07

1	수3	시126〜128	사63	마11
2	수4	시129〜131	사64	마12
3	수5:1〜6:5	시132〜134	사65	마13
4	수6:6〜27	시135〜136	사66	마14
5	수7	시137〜138	렘1	마15
6	수8	시139	렘2	마16
7	수9	시140〜141	렘3	마17
8	수10	시142〜143	렘4	마18
9	수11	시144	렘5	마19
10	수12〜13	시145	렘6	마20
11	수14〜15	시146〜147	렘7	마21
12	수16〜17	시148	렘8	마22
13	수18〜19	시149〜150	렘9	마23
14	수20〜21	행1	렘10	마24
15	수22	행2	렘11	마25
16	수23	행3	렘12	마26
17	수24	행4	렘13	마27
18	삿1	행5	렘14	마28
19	삿2	행6	렘15	막1
20	삿3	행7	렘16	막2
21	삿4	행8	렘17	막3
22	삿5	행9	렘18	막4
23	삿6	행10	렘19	막5
24	삿7	행11	렘20	막6
25	삿8	행12	렘21	막7
26	삿9	행13	렘22	막8
27	삿10:1〜11:11	행14	렘23	막9
28	삿11:12〜40	행15	렘24	막10
29	삿12	행16	렘25	막11
30	삿13	행17	렘26	막12
31	삿14	행18	렘27	막13

August 08

1	삿15	행19	렘28	막14
2	삿16	행20	렘29	막15
3	삿17	행21	렘30〜31	막16
4	삿18	행22	렘32	시1〜2
5	삿19	행23	렘33	시3〜4
6	삿20	행24	렘34	시5〜6
7	삿21	행25	렘35	시7〜8
8	룻1	행26	렘36〜37	시9
9	룻2	행27	렘38	시10
10	룻3〜4	행28	렘39	시11〜12
11	삼상1	롬1	렘40	시13〜14
12	삼상2	롬2	렘41	시15〜16
13	삼상3	롬3	렘42	시17
14	삼상4	롬4	렘43	시18
15	삼상5〜6	롬5	렘44	시19
16	삼상7〜8	롬6	렘45	시20〜21
17	삼상9	롬7	렘46	시22
18	삼상10	롬8	렘47	시23〜24
19	삼상11	롬9	렘48	시25
20	삼상12	롬10	렘49	시26〜27
21	삼상13	롬11	렘50	시28〜29
22	삼상14	롬12	렘51	시30
23	삼상15	롬13	렘52	시31
24	삼상16	롬14	애1	시32
25	삼상17	롬15	애2	시33
26	삼상18	롬16	애3	시34
27	삼상19	고전1	애4	시35
28	삼상20	고전2	애5	시36
29	삼상21〜22	고전3	겔1	시37
30	삼상23	고전4	겔2	시38
31	삼상24	고전5	겔3	시39

September 09

1	삼상25	고전6	겔4	시40〜41
2	삼상26	고전7	겔5	시42〜43
3	삼상27	고전8	겔6	시44
4	삼상28	고전9	겔7	시45〜46
5	삼상29〜30	고전10	겔8	시47
6	삼상31	고전11	겔9	시48
7	삼하1	고전12	겔10	시49
8	삼하2	고전13	겔11	시50
9	삼하3	고전14	겔12	시51
10	삼하4〜5	고전15	겔13	시52〜54
11	삼하6	고전16	겔14	시55
12	삼하7	고후1	겔15	시56〜57
13	삼하8〜9	고후2	겔16	시58〜59
14	삼하10	고후3	겔17	시60〜61
15	삼하11	고후4	겔18	시62〜63
16	삼하12	고후5	겔19	시64〜65
17	삼하13	고후6	겔20	시66〜67
18	삼하14	고후7	겔21	시68
19	삼하15	고후8	겔22	시69
20	삼하16	고후9	겔23	시70〜71
21	삼하17	고후10	겔24	시72
22	삼하18	고후11	겔25	시73
23	삼하19	고후12	겔26	시74
24	삼하20	고후13	겔27	시75〜76
25	삼하21	갈1	겔28	시77
26	삼하22	갈2	겔29	시78:1〜37
27	삼하23	갈3	겔30	시78:38〜72
28	삼하24	갈4	겔31	시79
29	왕상1	갈5	겔32	시80
30	왕상2	갈6	겔33	시81〜82

October 10

1	왕상3	엡1	겔34	시83〜84
2	왕상4〜5	엡2	겔35	시85
3	왕상6	엡3	겔36	시86
4	왕상7	엡4	겔37	시87〜88
5	왕상8	엡5	겔38	시89
6	왕상9	엡6	겔39	시90
7	왕상10	빌1	겔40	시91
8	왕상11	빌2	겔41	시92〜93
9	왕상12	빌3	겔42	시94
10	왕상13	빌4	겔43	시95〜96
11	왕상14	골1	겔44	시97〜98
12	왕상15	골2	겔45	시99〜101
13	왕상16	골3	겔46	시102
14	왕상17	골4	겔47	시103
15	왕상18	살전1	겔48	시104
16	왕상19	살전2	단1	시105
17	왕상20	살전3	단2	시106
18	왕상21	살전4	단3	시107
19	왕상22	살전5	단4	시108〜109
20	왕하1	살후1	단5	시110〜111
21	왕하2	살후2	단6	시112〜113
22	왕하3	살후3	단7	시114〜115
23	왕하4	딤전1	단8	시116
24	왕하5	딤전2	단9	시117〜118
25	왕하6	딤전3	단10	시119:1〜24
26	왕하7	딤전4	단11	시119:25〜48
27	왕하8	딤전5	단12	시119:49〜72
28	왕하9	딤전6	호1	시119:73〜96
29	왕하10	딤후1	호2	시119:97〜120
30	왕하11〜12	딤후2	호3〜4	시119:121〜144
31	왕하13	딤후3	호5〜6	시119:145〜176

November 11

1	왕하14	딤후4	호7	시120〜122
2	왕하15	딛1	호8	시123〜125
3	왕하16	딛2	호9	시126〜128
4	왕하17	딛3	호10	시129〜131
5	왕하18	몬1	호11	시132〜134
6	왕하19	히1	호12	시135〜136
7	왕하20	히2	호13	시137〜138
8	왕하21	히3	호14	시139
9	왕하22	히4	욜1	시140〜141
10	왕하23	히5	욜2	시142
11	왕하24	히6	욜3	시143
12	왕하25	히7	암1	시144
13	대상1〜2	히8	암2	시145
14	대상3〜4	히9	암3	시146〜147
15	대상5〜6	히10	암4	시148〜150
16	대상7〜8	히11	암5	눅1:1〜38
17	대상9〜10	히12	암6	눅1:39〜80
18	대상11〜12	히13	암7	눅2
19	대상13〜14	약1	암8	눅3
20	대상15	약2	암9	눅4
21	대상16	약3	옵1	눅5
22	대상17	약4	욘1	눅6
23	대상18	약5	욘2	눅7
24	대상19〜20	벧전1	욘3	눅8
25	대상21	벧전2	욘4	눅9
26	대상22	벧전3	미1	눅10
27	대상23	벧전4	미2	눅11
28	대상24〜25	벧전5	미3	눅12
29	대상26〜27	벧후1	미4	눅13
30	대상28	벧후2	미5	눅14

December 12

1	대상29	벧후3	미6	눅15
2	대하1	요일1	미7	눅16
3	대하2	요일2	나1	눅17
4	대하3〜4	요일3	나2	눅18
5	대하5:1〜6:11	요일4	나3	눅19
6	대하6:12〜42	요일5	합1	눅20
7	대하7	요이1	합2	눅21
8	대하8	요삼1	합3	눅22
9	대하9	유1	습1	눅23
10	대하10	계1	습2	눅24
11	대하11〜12	계2	습3	요1
12	대하13	계3	학1	요2
13	대하14〜15	계4	학2	요3
14	대하16	계5	슥1	요4
15	대하17	계6	슥2	요5
16	대하18	계7	슥3	요6
17	대하19〜20	계8	슥4	요7
18	대하21	계9	슥5	요8
19	대하22〜23	계10	슥6	요9
20	대하24	계11	슥7	요10
21	대하25	계12	슥8	요11
22	대하26	계13	슥9	요12
23	대하27〜28	계14	슥10	요13
24	대하29	계15	슥11	요14
25	대하30	계16	슥12:1〜13:1	요15
26	대하31	계17	슥13:2〜9	요16
27	대하32	계18	슥14	요17
28	대하33	계19	말1	요18
29	대하34	계20	말2	요19
30	대하35	계21	말3	요20
31	대하36	계22	말4	요21

성경읽기표

구약성경

창세기 1 2 3 4 5 6 7 8 9 10 11 12 13 14 15 16 17 18 19 20 21 22 23 24 25 26 27 28 29 30 31 32 33 34 35 36 37 38 39 40 41 42 43 44 45 46 47 48 49 50

출애굽기 1 2 3 4 5 6 7 8 9 10 11 12 13 14 15 16 17 18 19 20 21 22 23 24 25 26 27 28 29 30 31 32 33 34 35 36 37 38 39 40

레위기 1 2 3 4 5 6 7 8 9 10 11 12 13 14 15 16 17 18 19 20 21 22 23 24 25 26 27

민수기 1 2 3 4 5 6 7 8 9 10 11 12 13 14 15 16 17 18 19 20 21 22 23 24 25 26 27 28 29 30 31 32 33 34 35 36

신명기 1 2 3 4 5 6 7 8 9 10 11 12 13 14 15 16 17 18 19 20 21 22 23 24 25 26 27 28 29 30 31 32 33 34

여호수아 1 2 3 4 5 6 7 8 9 10 11 12 13 14 15 16 17 18 19 20 21 22 23 24

사사기 1 2 3 4 5 6 7 8 9 10 11 12 13 14 15 16 17 18 19 20 21

룻기 1 2 3 4

사무엘상 1 2 3 4 5 6 7 8 9 10 11 12 13 14 15 16 17 18 19 20 21 22 23 24 25 26 27 28 29 30 31

사무엘하 1 2 3 4 5 6 7 8 9 10 11 12 13 14 15 16 17 18 19 20 21 22 23 24

열왕기상 1 2 3 4 5 6 7 8 9 10 11 12 13 14 15 16 17 18 19 20 21 22

열왕기하 1 2 3 4 5 6 7 8 9 10 11 12 13 14 15 16 17 18 19 20 21 22 23 24 25

역대상 1 2 3 4 5 6 7 8 9 10 11 12 13 14 15 16 17 18 19 20 21 22 23 24 25 26 27 28 29

역대하 1 2 3 4 5 6 7 8 9 10 11 12 13 14 15 16 17 18 19 20 21 22 23 24 25 26 27 28 29 30 31 32 33 34 35 36

에스라 1 2 3 4 5 6 7 8 9 10

느헤미야 1 2 3 4 5 6 7 8 9 10 11 12 13

에스더 1 2 3 4 5 6 7 8 9 10

욥기 1 2 3 4 5 6 7 8 9 10 11 12 13 14 15 16 17 18 19 20 21 22 23 24 25 26 27 28 29 30 31 32 33 34 35 36 37 38 39 40 41 42

시편 1 2 3 4 5 6 7 8 9 10 11 12 13 14 15 16 17 18 19 20 21 22 23 24 25 26 27 28 29 30 31 32 33 34 35 36 37 38 39 40 41 42 43 44 45 46 47 48 49 50 51 52 53 54 55 56 57 58 59 60 61 62 63 64 65 66 67 68 69 70 71 72 73 74 75 76 77 78 79 80 81 82 83 84 85 86 87 88 89 90 91 92 93 94 95 96 97 98 99 100 101 102 103 104 105 106 107 108 109 110 111 112 113 114 115 116 117 118 119 120 121 122 123 124 125 126 127 128 129 130 131 132 133 134 135 136 137 138 139 140 141 142 143 144 145 146 147 148 149 150

잠언 1 2 3 4 5 6 7 8 9 10 11 12 13 14 15 16 17 18 19 20 21 22 23 24 25 26 27 28 29 30 31

전도서 1 2 3 4 5 6 7 8 9 10 11 12

아가 1 2 3 4 5 6 7 8

이사야 1 2 3 4 5 6 7 8 9 10 11 12 13 14 15 16 17 18 19 20 21 22 23 24 25 26 27 28 29 30 31 32 33 34 35 36 37 38 39 40 41 42 43 44 45 46 47 48 49 50 51 52 53 54 55 56 57 58 59 60 61 62 63 64 65 66

예레미야 1 2 3 4 5 6 7 8 9 10 11 12 13 14 15 16 17 18 19 20 21 22 23 24 25 26 27 28 29 30 31 32 33 34 35 36 37 38 39 40 41 42 43 44 45 46 47 48 49 50 51 52

예레미야애가 1 2 3 4 5

에스겔 1 2 3 4 5 6 7 8 9 10 11 12 13 14 15 16 17 18 19 20 21 22 23 24 25 26 27 28 29 30 31 32 33 34 35 36 37 38 39 40 41 42 43 44 45 46 47 48

다니엘 1 2 3 4 5 6 7 8 9 10 11 12

호세아 1 2 3 4 5 6 7 8 9 10 11 12 13 14

요엘 1 2 3

아모스 1 2 3 4 5 6 7 8 9

오바댜 1

요나 1 2 3 4

미가 1 2 3 4 5 6 7

나훔 1 2 3

하박국 1 2 3

스바냐 1 2 3

학개 1 2

스가랴 1 2 3 4 5 6 7 8 9 10 11 12 13 14

말라기 1 2 3 4

신약성경

마태복음 1 2 3 4 5 6 7 8 9 10 11 12 13 14 15 16 17 18 19 20 21 22 23 24 25 26 27 28

마가복음 1 2 3 4 5 6 7 8 9 10 11 12 13 14 15 16

누가복음 1 2 3 4 5 6 7 8 9 10 11 12 13 14 15 16 17 18 19 20 21 22 23 24

요한복음 1 2 3 4 5 6 7 8 9 10 11 12 13 14 15 16 17 18 19 20 21

사도행전 1 2 3 4 5 6 7 8 9 10 11 12 13 14 15 16 17 18 19 20 21 22 23 24 25 26 27 28

로마서 1 2 3 4 5 6 7 8 9 10 11 12 13 14 15 16

고린도전서 1 2 3 4 5 6 7 8 9 10 11 12 13 14 15 16

고린도후서 1 2 3 4 5 6 7 8 9 10 11 12 13

갈라디아서 1 2 3 4 5 6

에베소서 1 2 3 4 5 6

빌립보서 1 2 3 4

골로새서 1 2 3 4

데살로니가전서 1 2 3 4 5

데살로니가후서 1 2 3

디모데전서 1 2 3 4 5 6

디모데후서 1 2 3 4

디도서 1 2 3

빌레몬서 1

히브리서 1 2 3 4 5 6 7 8 9 10 11 12 13

야고보서 1 2 3 4 5

베드로전서 1 2 3 4 5

베드로후서 1 2 3

요한일서 1 2 3 4 5

요한이서 1

요한삼서 1

유다서 1

요한계시록 1 2 3 4 5 6 7 8 9 10 11 12 13 14 15 16 17 18 19 20 21 22